臺灣歷史與文化 研究輯刊

八 編

第 21 冊

清領時期的屏東文學研究（下）

王 玉 輝 著

花木蘭文化出版社

國家圖書館出版品預行編目資料

清領時期的屏東文學研究（下）／王玉輝 著 — 初版 — 新
北市：花木蘭文化出版社，2015〔民 104〕
目 4+154 面：19×26 公分
（臺灣歷史與文化研究輯刊 八編；第 21 冊）
ISBN 978-986-404-447-4（精裝）
1. 臺灣文學 2. 文學評論 3. 清領時期
733.08   104015144

ISBN-978-986-404-447-4

9 789864 044474

臺灣歷史與文化研究輯刊
八　編　第二一冊   ISBN：978-986-404-447-4

清領時期的屏東文學研究（下）

作　　者　王玉輝
總 編 輯　杜潔祥
副總編輯　楊嘉樂
編　　輯　許郁翎
出　　版　花木蘭文化出版社
社　　長　高小娟
聯絡地址　235 新北市中和區中安街七二號十三樓
　　　　　電話：02-2923-1455／傳眞：02-2923-1452
網　　址　http://www.huamulan.tw 信箱 hml810518@gmail.com
印　　刷　普羅文化出版廣告事業
初　　版　2015 年 9 月
全書字數　326083 字
定　　價　八編 29 冊（精裝）台幣 58,000 元

清領時期的屏東文學研究（下）

王玉輝 著

目

次

第五章　清領時期本地文人的詩歌

　　相較於臺灣其他地區的在地文人而言，清代屏東地區的本地文人不多，以目前可見的作品來看，共有四位。依其出生時間順序，分別是張維垣（1827～1892）、邱國楨（1832～1900），江昶榮（1841～1895）與尤和鳴（1866～1925）。前三者的主要活動時間多在清領時期，其中張維垣出生於本地，長成後移居苗栗；邱國楨出生於廣東省鎮平縣，而後遷居本縣內埔鄉；江昶榮則是「生於斯，長於斯」的在地文人；尤和鳴的出生年份較晚，日治時期仍活躍於屏東騷壇，撰有《養齋吟草》，此一詩集目前不知下落，其詩作存世僅見一首，〔註1〕無法探知詩風全貌，因此略去不論，以待來日更多資料出土。

　　由於張維垣和江昶榮的作品已由施懿琳所編《全臺詩》整理收錄，是以本文所引兩人詩作俱得於此，而邱國楨作品則由其後裔邱統凡等人整理出版成冊，書名為《六堆甲午抗日精神領袖 歲進士 儒學正堂 邱國楨》，其詩經由照相掃瞄錄存於書，字跡清晰可辨，本文因據是書從中擇要討論。〔註2〕以下按照張維垣、邱國楨和江昶榮的出生年份先後，分別論述三人作品。

〔註1〕尤和鳴詩作目前僅見〈古硯〉，其詩云：「何代傳來萬石君，星霜久遠已難分；模糊篆跡先人製，髣髴銅臺舊瓦紋。外剝中坳經幾主，書殘筆禿失同羣；漫云老憊終無用，此物天留佐博文。」收錄於陳漢光編：《臺灣詩錄・下冊》（臺中市：臺灣省文獻委員會，1971年），頁1165。

〔註2〕邱氏詩作真跡原無任何標點句讀，現已經過斷句，並經過照相掃瞄處理，統一收錄於邱統凡、邱春美著：《六堆甲午抗日精神領袖 歲進士 儒學正堂 邱國楨・自序》（屏東縣內埔鄉：邱統凡，2012年），頁43～53。

第一節　張維垣的作品

　　張維垣，譜名祿興，號星樞，維垣其字，以字行，祖籍廣東省嘉應州鎮平縣。道光七年（1827）六月，生於前堆長興莊（今屏東縣長治鄉）。張氏早年考中秀才後，即隨父親張秀超遷往淡水廳頭份莊（今苗栗縣頭份鎮），於當地開館教書，並娶當地黃氏女爲妻。同治六年（1867）中舉，十年（1871）進士，派任浙江省遂昌縣知縣，旋又調任北京，先後擔任癸酉科（同治十二年，1873）和丙子科（光緒二年，1876）「同考試官」，任務完成後，獲「欽加同知銜」。光緒三年（1877），興起蓴鱸之思，辭官回臺，仍居苗栗頭份，成爲當地仕紳，並與新竹「開臺進士」鄭用錫、鄭用鑑昆仲唱和往來。光緒十二年（1886），主持修建「頭份義民廟」。光緒十八年（1892），新廟落成，同年五月逝世。〔註3〕

　　張氏遺稿存詩三十七首，可見於《六堆客家鄉土誌》和《全臺詩》。前者提及錄存張氏詩作的曲折經過，其文云：

> 日本侵臺時，張公雖逝，其長子振祥公繼父志率義民抗日，頭份遭劫時，進士邸宅燬於火，僅奉祖牌及進士遺稿，匿居南庄蕃界。其後從事樟腦事業，日漸富裕，以書法聞名。振祥翁長子春華先生爲南庄耆宿，八十四歲仍甚健旺，次子則已移居竹東橫山鄉。

> 張進士遺稿，雖由張春華先生處抄下考卷及詩稿，以考卷太長，只將遺詩刊載於左。〔註4〕

從上述可見張氏子孫在鼎革兵燹之際，力保先人作品的苦心。

　　張氏雖生於屏東，卻長年旅居異地他鄉，最後終老於苗栗頭份。因此，論者對其文學身份的歸屬問題，各家持有不同的看法，主要分成屏東和苗栗兩派。持屏東文人之說者，如王俊勝以張氏出生於清代鳳山縣的行政區劃地緣背景，將其列爲清代鳳山縣作家；徐正光和邱春美基於張氏六堆客屬身份，主張其爲六堆客家詩人。持苗栗文人之說者，如鍾建英、陳運棟和莫渝等人

〔註3〕　有關張維垣的生平事略，係參考自陳運棟、鄭錦宏著：《張維垣進士家世》（苗栗市：苗縣文化觀光局，2010年），頁59～76。

〔註4〕　有關張維垣的遺稿保存經過，係參考自鍾壬壽所撰〈張維垣鄉賢事畧〉，其詩則附於文後，請見鍾壬壽編著：《六堆客家鄉土誌》（無出版地：常青，1999年），頁194～197。另，其詩又錄於全臺詩編輯小組編撰；施懿琳主編：《全臺詩》第玖冊（臺南市：臺灣文學館，2008年），頁15～22。

謂張氏久居、卒葬於苗栗頭份，應當視爲苗栗文人。〔註5〕總的來說，主張屏東者，係以其出生地爲憑，而主張苗栗者，則以其住居地爲據，各有所本，皆是其理。因此，張氏文學身份的定位問題，可謂各自表述，仁智互見。本文既爲區域文學研究，當以張氏出生於屏東的地緣背景，從王俊偉等人所言，以張氏「生爲屏東人」之故，因將其列爲本地文人。

張氏的作品內容，主要可歸類成寫物抒情、贈答弔輓、歲時節令、詠古感懷和勵學進取等題材，創作形式以七絕最多（二十首），七律次之（十三首），五律有三，試帖詩一首。其寫物寄情者，有〈竹馬〉、〈仙人掌〉、〈問燕〉、〈秋扇〉、〈菊酒〉、〈早梅〉、〈梨花〉和〈老松〉等諸題；其贈答弔輓者，如〈鴻安同年懸壺濟世頌贈〉、〈寄廣東同仁諸子感賦〉、〈贈相士劉欽賢鄉友〉、〈留別南京同寅〉、〈奎文社同人雅集〉、〈祝邱榮珍同寅令椿萱花甲雙慶〉和〈輓施大鵬同學〉等題目；其歲時節令者，如〈春雷〉、〈元旦即景〉、〈上元觀燈〉、〈春讌〉、〈秋痕〉和〈秋色〉等作品；其詠古感懷者，有〈徐福求仙〉、〈諸葛種桑〉、〈弔屈原〉、〈嚴子陵〉和〈過鐵砧山懷古〉等諸作；其勵學進取者，有〈勉學詞〉（二首）、〈南京客次元旦試筆〉（三首）和〈青衫換錦袍〉等詩作。此外，其〈鹿江紀勝〉爲記遊所作，其〈戲詠乞煙灰〉則是描述鴉片煙癮者向人乞食殘餘煙灰的醜態，而〈賦得移花便得鶯〉（得移字五言八韻）則是試帖詩，此三首內容無法歸入上述主題，將其視爲「其他作品」類型。

張氏詩作傳世者不多，其嫡孫張春華以手抄本形式錄存三十六首，是爲《同治辛未科二甲進士張維垣先生閒吟詩遺稿》，而王松在《臺陽詩話》則錄有〈戲詠乞煙灰〉，目前僅見三十七首。由於遺詩原稿取得不易且缺乏頁目編碼，爲便於整理和論述起見，本文所選張氏作品係以施懿琳主編的《全臺詩》爲取樣底本，試析其中特色，茲爲清代屏東「旅外」文人作品保存參考資料。以下分就寫物寄情、贈答弔輓、歲時節令、詠古感懷、勵學進取等主題論述，兼及〈賦

〔註5〕上述說法分見於王俊勝：《清代臺灣鳳山縣詩歌研究》（臺北市：中國文化大學中文研究所碩士論文，2002年），頁87～90；曾彩金總編纂：《六堆客家社會文化研究發展與變遷之研究·藝文篇（上）》（屏東市：六堆文化教育基金會，2001年），頁147～148；邱春美：《六堆客家古典文學研究》（臺北市：文津，2007年），頁329～345；黃新亞、鍾建英等纂：《苗栗縣志·人物志》（臺北市：成文，1983年），頁5；陳運棟主編、頭份鎮志編輯委員會編校：《頭份鎮志·人物志》（苗栗縣頭份鎮：頭份鎮公所，1980年），頁215～217；莫渝、王幼華著：《苗栗縣文學史》（苗栗市：苗栗縣立文化中心，2000年），頁125～130。

得移花便得鶯〉（得移字五言八韻）、〈鹿江紀勝〉和〈戲詠乞煙灰〉等三首。

一、寫物寄情

張氏寫物，往往抒情，如〈竹馬〉云：

　　跨竹當真駿馬乘，兒時稚氣望超騰。

　　而今髀肉頻生嘆，雲路馳驅感未能。〔註6〕

前兩句敘述昔日孩提稚氣馳騁竹馬，活力奔騰嬉戲之情景；後兩句描寫現況，因久處安逸，豪情不再，而有虛度光陰，壯志未酬之感，遂發劉備「髀肉之嘆」。其〈秋扇〉云：

　　托有仁風便面聞，涼飆一發雁成群。

　　班姬千載遭捐怨，世態人情自古分。〔註7〕

班姬指漢代班婕妤，其〈怨歌行〉云：「新裂齊紈素，皎潔如霜雪。裁為合歡扇，團團似明月。出入君懷袖，動搖微風發。常恐秋節至，涼風奪炎熱。棄捐篋笥中，恩情中道絕。」明人唐寅因詩而作「班姬團扇」圖，圖中班姬持扇佇立櫚樹下，庭前復植有蜀葵，點出夏末秋初時令。本詩脫胎於班詩，藉秋扇見捐一事，點出人若有仁風，物與人皆得而分享，然人情若為涼，則古今世態之冷暖當可自知，隱約可感作者有時運不濟，仕途受到冷落之怨嗟。

詩人以物喻志，其〈老松〉云：

　　歷經深年節更剛，耐寒骨格自堅強。

　　龍蟠百丈髯垂綠，鶴舞千秋子落黃。

　　匝地猶存當日寒，干霄未改古時蒼。

　　竹梅三友原吾伴，未許秦官受始皇。〔註8〕

本首風格豪邁剛健，末聯用事，引秦代「五大夫」松入詩，歌詠老松勁節、耐寒、長綠的物性特質，凸顯「干霄未改古時蒼」，暗喻作者具有堅忍不移的志節。

抒情之外，亦見用典。其〈仙人掌〉云：

　　柏梁臺上指紋明，高立仙人一掌擎。

　　漢武癡心猶未足，飲來不見壽長生。〔註9〕

〔註6〕見全臺詩編輯小組編撰；施懿琳主編：《全臺詩》第玖冊，頁16。
〔註7〕見全臺詩編輯小組編撰；施懿琳主編：《全臺詩》第玖冊，頁17。
〔註8〕見全臺詩編輯小組編撰；施懿琳主編：《全臺詩》第玖冊，頁20。
〔註9〕見全臺詩編輯小組編撰；施懿琳主編：《全臺詩》第玖冊，頁16。

詩引漢武帝與柏梁臺典故。蓋漢武帝爲求壽齡，崇信鬼神之祀，曾在柏梁臺上立仙人掌承接甘露，《史記‧孝武本紀十二》有云：「作栢梁、銅柱、承露、僊人掌之屬。」〔註10〕詩的後半筆鋒轉折，以「癡心」諷刺歷來人間君王延壽之想望，提出歷史驗證仙人掌並無長壽功效，明顯有「託事以明志」之意。其〈菊酒〉亦引事入詩：

> 三徑黃花不改常，龍山勝會繼重陽。
>
> 陶潛醉態尋何處，浪說餐英益壽長。〔註11〕

連用蔣詡辭官隱居、孟嘉龍山落帽、陶潛重陽詠菊和白衣送酒等故事，表達作者淡泊名利和縱情詩酒的瀟灑心態，顯見詩人此時已有歸隱田園的志趣。

二、贈答弔輓

　　從張氏的贈答弔輓詩來看，贈答對象包括同年、同仁、鄉友、同僚、文友和同學等。贈同年者，如〈鴻安同年懸壺濟世頌贈〉云：

> 施貧捐病兩兼俱，杏種盧山藥滿壺，
>
> 且有華陀稱國手，佛心還借虎除驅。〔註12〕

詩的前半稱讚同年鴻安者濟貧除病，兼俱仁心仁術，譽其爲華陀國手，末句「借虎」含有術到病除之意。〔註13〕贈同仁者，有〈寄廣東同仁諸子感賦〉二首，其一云：

〔註10〕見瀧川龜太郎編：《史記會注考證》（高雄市：復文圖書，1991年），頁206。又，本文之下復有〈集解〉云：「……仙人以手掌擎盤承甘露也。」以及〈索隱〉云：「……臺高二十丈，用香栢爲殿，香聞十里，……建章宮承露盤，高三十丈，大七圍，以銅爲之，上有仙人掌承露和玉屑飲之。張衡賦曰：『立脩莖之仙掌，承雲表之清露是也。』」

〔註11〕見全臺詩編輯小組編撰：施懿琳主編：《全臺詩》第玖冊，頁17。

〔註12〕見全臺詩編輯小組編撰：施懿琳主編：《全臺詩》第玖冊，頁18。

〔註13〕台灣民間有「虎爺信仰」，虎爺威武猛勇，可以鎮宅辟邪消災解疫，傳聞兒童患有腮腺炎時，可以用虎爺下頷的金紙貼在患部即可消腫，此說參考自董芳苑：《臺灣人的神明》（臺北市：前衛，2008年），頁258。此外，邱春美認爲「借虎」一詞與華陀所傳之「五禽戲」有關。蓋華陀曾觀五種禽獸之動態而效其動作，以爲強身之術，以養生祛病，名爲五禽戲，華陀曰：「吾有一術，名五禽之戲。一曰虎、二曰鹿、三曰熊、四曰猿、五曰鳥。亦以除疾，兼利蹄足，以當導引。蓋以俯仰屈伸，效五禽之姿態。既可作導引之術，亦可藉作治人疾病。」此說參考自邱春美：《六堆客家古典文學研究》，頁335。兩說之「虎」，皆具驅疾除病之效，併錄於此，以供參考。

　　　　鍾情長繫鷺江湄，一水盈盈費苦思。

　　　　卻喜科名今確立，久欽心細總相宜。〔註14〕

其二云：

　　　　文章到處樂平生，壯志懷君又遠行。

　　　　但願加餐長努力，青雲步步慎前程。〔註15〕

鷺江爲廈門別名，兩詩當寫於此地，雖然無法得知「廣東同仁諸子」爲誰，卻可以從化用「盈盈一水間，脈脈不得語」的手法，烘托思念之苦，使人推知作者與粵籍諸友情誼篤厚。在「科名確立」即將遠行之際，喜中帶有離愁，遂以加餐、慎步互勉，更見依依之情。

　　古人對於得中富貴功名之說，每每主觀認定受到風水命理的影響，張氏雖然追求科甲功名，卻不偏信宿命，其〈贈相士劉欽賢鄉友〉可見作者具有豁達客觀的性格，詩云：

　　　　富貴功名在我爲，縱談休咎轉生疑。

　　　　古人不相君偏相，命裡逢辰到自知。〔註16〕

首句直揭「事在人爲」的想法，即使同鄉相士劉欽賢對其陳述福禍之說，仍抱持懷疑的態度，傳達出凡事「操之在己」的人文精神。

　　贈同僚者，其〈留別南京同寅〉云：

　　　　作客南京有夙緣，多君翰墨共周旋。

　　　　情深麗澤難忘卻，念繫包桑敢望然。

　　　　三徑未荒思種菊，五音重理待張弦。

　　　　願言別後無遐棄，鴻雁秋來信屢傳。〔註17〕

從詩題可知張氏曾經旅次南京，並與當地同僚切磋詩文翰墨。頸聯對仗極工，分引陶淵明「三徑就荒，松菊猶存」和「無弦琴」等事語入詩，表達作者雅愛隱者生涯的心迹，尾聯則流露出對南京友朋的不捨。

　　張氏好吟詠，曾與文友進行擊鉢，其〈奎文社同人雅集〉云：

　　　　奎山文運又翻新，扢雅揚風大有人。

　　　　詩酒聯歡南與北，驚鷗集會主兼賓。

〔註14〕見全臺詩編輯小組編撰；施懿琳主編：《全臺詩》第玖冊，頁18。
〔註15〕見全臺詩編輯小組編撰；施懿琳主編：《全臺詩》第玖冊，頁18。
〔註16〕見全臺詩編輯小組編撰；施懿琳主編：《全臺詩》第玖冊，頁18。
〔註17〕見全臺詩編輯小組編撰；施懿琳主編：《全臺詩》第玖冊，頁20。

　　詞源萬馬瑤章麗，筆力千軍白戰頻。

　　吾道由來能發奮，騷壇濟濟士彬彬。〔註18〕

頷聯描述奎文社同人雅集的熱鬧情景，頸聯化用杜甫詩句「詞源倒流三峽水，筆陣獨掃千人軍」，末句盛稱詩壇彬彬、人才濟濟。其實，清代臺灣並無奎文詩社，但有奎文書院之設，創建於道光二十七年（1847），其址位於彰化縣他里霧街（今雲林縣斗南鎮）。〔註19〕張氏或曾與此地文友「詩酒聯歡南與北」。

　　除了唱和之外，還有賀壽和弔輓。賀壽所作，其〈祝邱榮珍同寅令椿萱花甲雙壽〉云：

　　二老齊眉喜氣揚，碧桃獻瑞壽無疆。

　　高枝毓秀臨東閣，嫩葉忘憂耀北堂。

　　貴品金冠含日麗，佳名玉柄舞風長。

　　青城仙客留餘蔭，佑啟人間兆吉祥。〔註20〕

為同僚邱榮珍雙親祝福六十大壽，以「東閣」和「北堂」代表同僚令尊和令堂，而以「高枝毓秀」和「嫩葉忘憂」祝賀椿萱並茂之意。尾聯提到「青城仙客留餘蔭」，青城為道教名山，歷代方士在此隱居修行，如東漢張道陵和唐代杜光庭，此句寓有仙家同賀之意。弔輓學友，有〈輓施大鵬同學〉云：

　　同學分居已廿年，一回相見一回緣。

　　生前慣作申江客，死後猶餘錦繡箋。

　　早買薄田情稍慰，忍拋老母事堪憐。

　　他時臨難將誰急，淚灑鴒原獨惘然。〔註21〕

本詩指出同學施大鵬長住上海，兩人雖然闊別二十年，仍是「一回相見一回緣」，足見情誼深厚，即使逝者已矣，猶存昔日美好回憶。頸聯道出往生者可慰堪憐之事，末聯暗用《詩經》語，顯示作者與施氏情同手足，感傷至深，並非敷衍虛應之作。〔註22〕

〔註18〕見全臺詩編輯小組編撰；施懿琳主編：《全臺詩》第玖冊，頁21。

〔註19〕有關奎文書院的記載如下：「在縣西十里他里霧街南畔。堂宇十餘間，祀田租五十五石。道光二十七年，職員黃一章捐建；同治六年，職員曾韞玉捐資重修。」見周璽：《彰化縣志》（南投市：臺灣省文獻委員會，1993年），頁96。

〔註20〕見全臺詩編輯小組編撰；施懿琳主編：《全臺詩》第玖冊（臺南市：臺灣文學館，2008年），頁21。

〔註21〕見全臺詩編輯小組編撰；施懿琳主編：《全臺詩》第玖冊，頁21。

〔註22〕語出《詩經・小雅・常棣》，原文云：「脊令在原，兄弟急難。」比喻兄弟友愛，急難相扶持。

三、歲時節令

　　張氏逢歲時節令，每有應景吟詠，詩中季節以春、秋兩季爲主，節日則有元旦和元宵。其〈春雷〉云：

> 霹靂一聲動九天，三陽開泰卜豐年。
>
> 漫言滄海魚龍化，新筍芽抽在眼前。〔註23〕

詩的前半敘述新春伊始，首句「霹靂一聲」點題，「九天」、「三陽」都是形容春天的熟語；詩的後半是景語，末句「新筍抽芽」則呼應「卜豐年」的氣象。其〈春讌〉同樣描寫新春活潑景象，詩云：

> 群英濟濟宴中庭，喜氣滿盈醉復醒。
>
> 萬戶桃符新煥彩，東風送暖鼻芳馨。〔註24〕

本詩寫春天歡宴之樂，洋溢萬象更新的氣氛。詩人筆下的春日充滿大地復甦喜氣，秋天則呈現截然不同的色調，其〈秋色〉云：

> 金風玉露老梧桐，觸目蕭條感不窮。
>
> 雁過碧山天潑墨，霞臨滄海水翻紅。
>
> 吟情爽快添詩料，景物凄迷入畫工。
>
> 絕好乾坤真粉本，陶潛賞菊月明中。〔註25〕

作者以西風、白露、梧桐、大雁、晚霞、菊花等景物點出季節，而以金、玉、碧、墨、紅勾勒出秋色，將景物和色彩巧妙結合，構思出一幅秋意盎然的山水畫，透過「水翻紅」增添動態美感，觸目所及，頓生秋天爽快的閒情，故云「絕好乾坤」。前詩〈春雷〉和本詩俱有「滄海」一詞，前者爲虛筆，比喻世事變化，本詩爲實筆，乃指大海。末句以陶潛自況，月下賞菊，更見高雅心志。

　　在節日方面，其〈元旦即景〉云：

> 雪晴十里白如銀，村北村南淨絕塵。
>
> 聞說遺蝗深入地，家家齊頌太平春。〔註26〕

前兩句是景語，後兩句是情語。用「白如銀」和「淨絕塵」形容白雪覆蓋大地的景象，蝗害因此得以驅除，「太平春」則是對於新年的預想。其〈上元觀燈〉云：

〔註23〕見全臺詩編輯小組編撰；施懿琳主編：《全臺詩》第玖冊，頁 15。
〔註24〕見全臺詩編輯小組編撰；施懿琳主編：《全臺詩》第玖冊，頁 16。
〔註25〕見全臺詩編輯小組編撰；施懿琳主編：《全臺詩》第玖冊，頁 21。
〔註26〕見全臺詩編輯小組編撰；施懿琳主編：《全臺詩》第玖冊，頁 16。

觀燈士女馬蹄輕，火樹銀花徹夜明。

奪得崑崙杯尚暖，立功猶對讀書檠。〔註27〕

詩的前半描寫上元燈會的歡樂情形，「馬蹄輕」和「徹夜明」分別表達出賞燈人潮的欣喜心情，以及元宵不夜的繁華景象。詩的後半用事，引北宋名將狄青元宵夜智取崑崙關的故事自勉，呼應末句求取功名仍須秉燭縈燈苦讀，恰與世人欣賞花燈的繁華情景成為強烈對比。

四、詠古感懷

張氏對於古人古事，常有詠古感懷者，其〈徐福求仙〉云：

托名本是避波瀾，奏上欲求不死丹。

兵卒蓬萊修道跡，暴秦濁世永身安。〔註28〕

描述徐福為秦皇渡海求取仙藥，歷來不乏避秦之作，本詩比較特殊的是以徐福立場發言，直言渡海蓬萊求藥只是藉口，真正的用意並非「不死丹」，而是在亂世「避波瀾」，以求「永身安」。其〈諸葛種桑〉頌忠臣清高人格，詩云：

南陽深處白雲封，八百叢中有臥龍。

留得成都嘉蔭在，功名天下好興農。〔註29〕

諸葛亮早年耕讀南陽，後來扶持蜀漢二主，鞠躬盡瘁，死而後已，洵為千古一相，歷來均不乏詩作歌頌諸葛武侯在南陽耕讀事。而《三國志・諸葛亮傳》記其向後主交代身後事，自云：「成都有桑八百株，薄田十五頃，子弟衣食，自有餘饒。至於臣在外任，無別調度，隨身衣食，悉仰於官，不別治生，以長尺寸。若臣死之日，不使內有餘帛，外有贏財，以負陛下。」字句之間，畢見忠藎。詩的前半敘述諸葛亮躬耕南陽，並暗用其遺桑八百之事，詩的後半讚揚諸葛亮輔佐蜀漢，振興農業造福百姓，功勞勳名滿天下，有頌讚農事利濟蒼生之意。其〈弔屈原〉嘆忠臣所事非君，詩云：

相傳角黍薦江旁，競渡人猶感慨長。

今古忠言多逆耳，丹心不二事懷王。〔註30〕

前兩句寫景，後兩句議論。角黍為粽子，競渡即賽舟，屈原自沒於江，世人

〔註27〕見全臺詩編輯小組編撰；施懿琳主編：《全臺詩》第玖冊，頁16。

〔註28〕見全臺詩編輯小組編撰；施懿琳主編：《全臺詩》第玖冊，頁17。

〔註29〕見全臺詩編輯小組編撰；施懿琳主編：《全臺詩》第玖冊，頁17。

〔註30〕見全臺詩編輯小組編撰；施懿琳主編：《全臺詩》第玖冊，頁17。

沉粽賽舟，以慰忠靈赤忱。詩末撫今追昔，感慨自古忠言逆耳，丹心不二卻遇昏君，尤爲千古憾事。

忠臣之外，亦詠隱士，其〈嚴子陵〉云：

> 自甘避隱富春濱，志守安貧作逸民。
> 高節堪欺秦謝客，清風盡壓漢功臣。
> 昂藏傲骨寧無意，曠達素心卻有因。
> 七里長灘何處覓，漫云光武聘車新。〔註31〕

嚴子陵，本名光，又名遵，生於西漢末年，東漢著名高士，原姓莊，因避東漢明帝劉莊諱而改姓嚴。少有高名，與東漢光武帝劉秀同學。光武既立，屢召不仕，隱於富春江畔，有嚴子陵釣臺遺跡。有關嚴子陵的詩文很多，李白詩云「昭昭嚴子陵，垂釣滄波間」（〈古風〉），范仲淹讚其人格「雲山蒼蒼，江水泱泱。先生之風，山高水長」（〈嚴先生祠堂記〉），以「高風亮節」名世，是爲隱士典型。本詩歌詠嚴子陵在劉秀登基後，埋名隱遁，不受徵召出仕之事，頷、頸兩聯對仗工整，形容嚴子陵安貧守志的氣節和風骨，末句「漫云光武聘車新」可見作者構思之奇。

其〈過鐵砧山懷古〉云：

> 紅殘綠暗景幽清，一路蟬聲鳥噪聲。
> 不盡含情追往昔，由來吾道弔延平。〔註32〕

詩中憑弔對象爲鄭成功。鐵砧山位於臺中市大甲區，山上有古井，當地口碑傳說乃昔日鄭成功插劍禱泉之處，有于右任親書「劍井」，立石爲誌，至今成爲觀光勝地。實則不然，鄭成功來臺，其足跡所至，僅止於今日臺南市一帶，從未涉過八掌溪以北，鐵砧山故事只是臺灣民間眾多「國姓傳奇」之一。本詩首句言景，眼前景色雖云清幽，卻從「殘」、「暗」兩字透露出詩人懷念英雄的感傷，次句提到蟲鳥喧噪，更顯此地闃靜寂寥氣氛；三、四句懷古思今，寓有時代深意，作者緬懷鄭氏驅荷事蹟，眼見清季國力衰頹，敵國外患相繼而至，書生報國無路，「吾道」悲憤無奈之情，不言可喻。

五、勵學進取

張氏努力進學，求取功名，詩歌主題尚有「勵學進取」一類，或以自我

〔註31〕見全臺詩編輯小組編撰；施懿琳主編：《全臺詩》第玖冊，頁 21。
〔註32〕見全臺詩編輯小組編撰；施懿琳主編：《全臺詩》第玖冊，頁 19。

期許，或與文友砥礪，本類作品以組詩爲主。兩首〈勉學詞〉皆爲七絕，其一云：

> 學不辛勤業不精，最難自負是虛名。
>
> 紛紛眾口交譽裡，冷笑須防有眼明。〔註33〕

其二云：

> 多見多聞學貴多，濫思濫想濫如何。
>
> 倘教習誦能成性，下筆神來意自高。〔註34〕

兩詩皆以勸學爲旨。前首勉己辛勤爲學，勿以虛名自滿；次首勉人積學爲貴，文章境界自高。又如〈南京客次元旦試筆七律三首〉，同樣是自述發憤向學，期許科舉出人頭地的系列作品，其一云：

> 南京遙望繞雲霞，四面青山眷眼賒。
>
> 首祚不妨身作客，新陽奚復鬢添華。
>
> 題詩紙上書狂草，品茗窗前雪舞花。
>
> 難免故鄉頻入夢，飄零幾載未還家。〔註35〕

首聯寫景，眺望遠山雲霞；頷聯新年添歲、興起感慨；頸聯試筆題詩、品茗賞雪；尾聯抒情，流露鄉愁衷曲。張氏雖有思鄉情懷，卻可從「首祚不妨身作客」窺知，只是赴試士子在異鄉抒發等待春闈的羈旅心態，近於王維佳節思親的登高情感，而非王粲懷才不遇的登樓心情。其二云：

> 每逢歲首倍融和，砥柱中流發浩歌。
>
> 涼暖人情離合易，崎嶇世路是非多。
>
> 遍投名帖欣如故，醉飲屠蘇興若何。
>
> 攻玉他山空得句，青春不再嘆蹉跎。〔註36〕

本詩承接前首進取之旨。新春雖發浩歌，在遍投名帖，醉飲屠蘇之際，對於人情涼暖，世路崎嶇，卻是了然於心。末聯雖云切磋詩文一無所得，指望青春不再蹉跎，實則含有詩人深層的自我期許。其三云：

> 徒增馬齒半生痴，喜氣今朝溢滿眉。
>
> 入世自知偕俗拙，好吟深悔讀書遲。

〔註33〕見全臺詩編輯小組編撰；施懿琳主編：《全臺詩》第玖冊，頁18。
〔註34〕見全臺詩編輯小組編撰；施懿琳主編：《全臺詩》第玖冊，頁18。
〔註35〕見全臺詩編輯小組編撰；施懿琳主編：《全臺詩》第玖冊，頁19。
〔註36〕見全臺詩編輯小組編撰；施懿琳主編：《全臺詩》第玖冊，頁19。

締交文字難忘酒，覿面因緣盡屬詩。

況是椒花呈頌日，雄心角逐出頭時。〔註37〕

本首相當於此一組詩的總結。詩人雖然在元旦與吟友做文字飲，卻不因為新年馬齒徒長而放棄「半生痴」所追求的人生目標，仍保有「雄心角逐出頭時」的青雲之志。

其〈青衫換錦袍〉可見作者功成名就的得意心情，詩云：

素衣攻苦隱書房，一舉名成服有章。

博得今朝朱紫貴，斯文脈脈永留香。〔註38〕

首句「攻苦隱書房」可謂盡得十年寒窗之狀，一舉成名後，素衣換紫服，顯示身份地位之別。詩人錦袍還鄉的欣喜之情，洋溢於楮墨之間。

六、其他作品

張氏所作〈賦得移花便得鶯〉（得移字五言八韻）是試帖詩，科舉加考「試帖詩」是清代的新規定。唐代以詩賦取士，除作賦之外，尚有五言六韻的律詩（間亦有用四韻、八韻者），謂為「試律」。清乾隆二十二年（1757）丁丑科會試，於八股文外，另增五言八韻律詩一首，以後生員的歲科試考、鄉試及進士朝考等，亦皆加有此詩，成為定例，不曰試律，而曰試帖詩，或五言八韻詩。試帖詩的題目，不可以己意立題，必須要有出處，或用前人的詩句，其寫作結構大致與八股文相同，有許多繁複的規定，如得字官韻必須在首聯押出，不得換韻，首句不得用韻，中間聯須對仗，首尾兩聯可不必對偶；首聯須將題目全部點出，若題字太多不能全點，也必須把要緊字眼點出，不得失黏、出韻；不可離題，不許重字，下字要典雅，結尾要頌聖，讚揚皇帝、歌頌時政。從內容言，試帖詩體不同於古近體詩，古近體詩雖有題，卻可推開發議，感慨悲歌，直抒胸臆，而試帖詩則拘牽聲韻，束縛極多。因此，試帖詩嚴於限制，毫無真意，與八股文同被視為科舉制度下的糟粕。〔註39〕

張氏〈賦得移花便得鶯〉（得移字五言八韻）詩云：

〔註37〕見全臺詩編輯小組編撰；施懿琳主編：《全臺詩》第玖冊，頁20。
〔註38〕見全臺詩編輯小組編撰；施懿琳主編：《全臺詩》第玖冊，頁15。
〔註39〕參考自林文龍：《臺灣的書院與科舉》（臺北市：常民文化，1999年），頁210～212。

最是花間鳥，偕花處處移。籬原編麂待，鄰便得鶯爲。

約訐番風遞，泥添細雨滋。尋芳剛按譜，出谷又賡詩。

妙計從駝學，來蹤或燕知。棠當初聘候，柑尚未攜時。

瓊玉仙能種，針砭俗亦醫。好將新選樹，培植向龍池。〔註40〕

詩題「移花便得鶯」，出自唐人薛能〈贈隱者〉詩句，〔註41〕本房閱卷官批語：「清新俊逸，鮑庾風流」。〔註42〕全詩符合試帖詩寫作要件，用字典雅，對仗工整，末聯「好將新選樹，培植向龍池」，是爲頌聖之句。

張氏的遊歷作品不多，前述的〈過鐵砧山懷古〉雖係遊覽作品，惟以懷古思今爲主，遊興之情並非其旨，其〈鹿江紀勝〉乃爲記遊所作，詩云：

重過土城路，時清好壯遊。聚星尋舊跡，望海聳高樓。

帆影迷西汕，漁歌起北頭。眼前新氣象，風物錦囊收。〔註43〕

首聯起興，以「重過」來看，可能是張氏舊地重遊所作；頷聯寫景，顯示詩人臨海眺望遠方高樓遺跡。頸聯以帆影和歌聲烘托觀景氛圍，兼具視覺和聽覺雙重摹寫；尾聯則收束全詩，以「眼前新氣象」扣回「時清好壯遊」的感受。

此外，詩題「鹿江」的地點推估可能是臺南鹿耳門。首先，詩中言及「土城」，鹿耳門位於臺南土城地區（今臺南市安南區），當地有康熙年間重建的媽祖廟，俗稱「鹿耳門媽」，其廟址在鹿耳門嶼與北線尾嶼接壤處（今鹿耳門溪下游北畔），此處沙洲已因臺江內海逐漸陸化而不復見，惟廟宇至今香火鼎盛。其次，頷聯有「聚星尋舊跡」，句中所指「聚星」乃臺灣縣武解元李楨鎬所建私人庭園，李氏園中有「聚星亭」，〔註44〕其址「近鯽魚潭」，地當府城

〔註40〕見全臺詩編輯小組編撰；施懿琳主編：《全臺詩》第玖冊，頁19。

〔註41〕薛能，字太拙，唐汾州人。會昌六年進士，任盩厔尉。李福任滑州節度使時，任薛能爲觀察判官，後歷官御史、都官、刑部員外郎等，又隨李福遷官西蜀。曾出任感化軍節度使，入朝授工部尚書，後又出任徐州節度使、忠武節度使。僖宗廣明元年，麾下周岌叛亂，殺薛能全家。詩風仿效陶潛，其〈贈隱者〉詩云：「門前雖有徑，絕向世間行。薙草因逢藥，移花便得鶯。甘貧原是道，苦學不爲名。莫怪蒼髭晚，無機任世情。」

〔註42〕見陳運棟、鄭錦宏著：《張維垣進士家世》，頁83。

〔註43〕見全臺詩編輯小組編撰；施懿琳主編：《全臺詩》第玖冊，頁19。

〔註44〕李楨鎬爲康熙五十六年（1717）武解元，有關聚星亭的記載如下：「在永康里。綠疇四繞，青嶂當窗。邑武解元李楨鎬園亭。其父某及伯叔俱高壽，知府倪象愷贈匾曰『聚星』。」見王必昌：《重修臺灣縣志》（南投市：臺灣省文獻委員會，1993年），頁542。

郊外，宦臺官吏外出巡視，途經此地，常至該園停駐休憩。張湄有詩描述園
中風光，其云：

> 梧竹陰森護短垣，群峰飛落聚星園；
>
> 海翁九十髮如鶴，門外水田秋稼繁。〔註45〕

因此，張氏筆下「鹿江」，當為今日臺南鹿耳門地區。

　　張氏吟詠題材，以〈戲詠乞煙灰〉最為特殊，詩題所指「煙」乃鴉片煙。
其詩云：

> 腰藏小碟步如梭，拱立床前細語和。
>
> 添足畫蛇迎客笑，甘心走狗任人訶。
>
> 恩邀半勺稱無冀，惠受三分說謝多。
>
> 最喜殘灰猶帶潤，且伸拇指試研磨。〔註46〕

蓋鴉片為禍近代中國甚烈，幾至亡國滅種之境地，清朝因為禁煙而發生鴉片
戰爭，此一近代史實無須贅言。清代臺灣人受到中國內地影響，亦嗜好鴉片，
鼎食之家甚至以鴉片煙待客，清朝官方無力革除此一社會惡習，直到日人治
臺才逐步加以禁止，吸食鴉片之慘狀，屢見於士人筆下，如清領初期的黃叔
璥曾提到：

> 鴉片煙，用麻葛同鴉土切絲於銅鐺內煮成鴉片，拌煙另用竹筒實以
> 棕絲，群聚吸之。索值數倍於常煙。專治此者，名開鴉片館。吸一、
> 二次後，便刻不能離。暖氣直注丹田，可竟夜不眠。土人服此為導
> 淫具；肢體萎縮，臟腑潰出，不殺身不止。官弁每為嚴禁。常有身
> 被逮繫，猶求緩須臾，再吸一筒者。鴉片土出噶喇吧。〔註47〕

黃叔璥在康、雍之交巡行臺灣，從其撰述已可見到臺灣鴉片成癮者無法自拔
的畫面，日後鴉毒猖獗於臺灣社會的情形益發變本加厲，其餘有關鴉片荼毒
社會的相關記載，可謂罄竹難書，於此略去不表。〔註48〕道光二十九年
（1849），調任臺灣府學訓導的劉家謀，甚至將吸食鴉片的行徑比喻為「竹

〔註45〕見范咸：《重修臺灣府志》（南投市：臺灣省文獻委員會，1993年），頁544。

〔註46〕見全臺詩編輯小組編撰：施懿琳主編：《全臺詩》第玖冊，頁22。

〔註47〕見黃叔璥：《臺海使槎錄》（南投市：臺灣省文獻委員會，1996年），頁43。

〔註48〕有關鴉片毒害的中外文獻資料，可分別參考藍鼎元：《平臺紀略》（臺北市：
　　　　臺灣銀行，1958），頁50；朱仕玠：《小琉球漫誌》（南投市：臺灣省文獻委員
　　　　會，1996），頁54～55；佐倉孫三：《臺風雜記》（南投市：台灣省文獻委員會，
　　　　1996年），頁2。

棺」。〔註49〕到了晚清，臺人吸食鴉片情形更爲嚴重，時人感嘆「印度所產阿芙蓉膏，俗名鴉片土，流毒幾於寰宇，臺人嗜者尤多。」〔註50〕作者生逢清末，對於鴉片殘害國家民生的現象，自當感觸良深，因有是詩。

　　張氏詩中所描述的場景應是吸食鴉片煙場所或鴉片煙館，本詩的主人翁係腰藏煙灰皿穿梭於其間的乞討鴉片煙灰者。爲了集取煙灰，乞討者恭敬地拱立在鴉片煙床前，對吸煙者「細語和」、「迎客笑」、「任人訶」、「說謝多」，冀望獲得些許煙灰殘燼，最喜得到猶帶濕潤的殘灰，立即以拇指研磨成粉狀後，繼而吸食，以解煙癮。透過作者生動的描繪，將貧相鴉片煙癮者卑躬逢迎乞求杯羹的窘態樣貌躍然紙上。在此之前，劉家謀亦曾提到臺灣綠營班兵所開設的鴉片煙館有收集煙灰的情形，〔註51〕適足以旁證張氏詩中「戲詠」阮囊羞澀的煙癮者向人乞討殘灰之闒然情狀。對此，王松有評：「游戲詼諧，頗傷刻薄，然以勸戒，亦復佳也。」〔註52〕可知張氏此詩旨在諷刺時弊，警惕世人，雖有刻薄挖苦之虞，實則寓有時代深意，非徒遊戲吟詠所作。而邱春美有謂此詩主人翁爲「跳樑小丑」，應非正解。〔註53〕

小　結

　　張氏遷離故里，移居外鄉，檢視遺稿，所作三十餘首詩歌的題材內容頗爲多樣，惟其中並無明顯關於屏東地區人、事、景、物的作品，此與詩人長年在外宦遊的生平經歷有關。

　　總的來說，其詩歌特點可以歸納如下：其一、引用典故。張氏喜用典故，無論寫物抒情、贈答弔輓、歲時節令、詠古感懷和勵學進取等題材，皆可見

〔註49〕劉家謀〈海音詩〉之七十七云：「勞身猶足博饔餐，歲暮無衣意亦寬。不怕飢寒寧怕死，自家斷送入三棺。」詩下自註：「臺郡傭工所得常倍。地暖，冬月不需棉裘也。『三棺』者，猜寶『銅棺』也、吃鴉片『竹棺』也、狎妓『肉棺』也。」見全臺詩編輯小組編撰：《全臺詩》第伍冊（臺北市：遠流，2004年），頁301。

〔註50〕見丁紹儀：《東瀛識略》（南投市：臺灣省文獻委員會，1996年），頁112。

〔註51〕據劉家謀〈海音詩〉之七十云：「舐罷餘丹尚共爭，淮南雞犬可憐生。漫將上下床分別，如豆燈光數不清。」詩下自註：「煙渣館，多營卒所開；收鴉片煙灰，熬而賣之。地狹不足度，每隔爲兩、三層以待來者。無賴之輩囊無一錢，至爲小偷，覓數十文以求度癮。」見全臺詩編輯小組編撰：《全臺詩》第伍冊，頁299。

〔註52〕見王松：《臺陽詩話》（臺北市：臺灣銀行經濟研究室，1959年），頁14～15。

〔註53〕見邱春美：《六堆客家古典文學研究》，頁344。

到作者援引典故事語的例證，常用歷代隱士故事，尤以陶潛最多，可分見於〈菊酒〉、〈留別南京同寅〉和〈秋色〉等詩，而〈早梅〉則有「愛花我似林和靖」詩句，可以據此推知張氏對於宦途有倦勤退隱之意；其二、以詩言志。張氏好學，追求甲第，往往將其志向見於詩篇，〈上元觀燈〉、〈竹馬〉、〈寄廣東同仁諸子感賦〉和〈老松〉等皆然，勵學進取類諸題尤為明顯；其三、今昔之感。詩人多愁善感，吟詠之際，古今之情油然而生，其〈仙人掌〉、〈秋扇〉、〈弔屈原〉和〈過鐵砧山懷古〉都是此類作品。

第二節　邱國楨的作品

　　邱國楨，字端桂，號贊臣，道光十二年（1832）生於廣東省嘉應州鎮平縣，卒於明治三十三年（1900），享年六十九歲。其父邱錫光早亡，由叔父邱錫先扶養成人，後因原鄉謀生不易，隻身渡海來臺，定居後堆內埔莊（今屏東縣內埔鄉）。光緒四年（1878）戊寅科試，考取歲貢生第一名，曾任儒學正堂。熱心地方文教，曾於內埔昌黎祠講學多年，裁成甚眾，進士江昶榮即是其弟子之一。清日甲午戰爭爆發後，邱氏號召六堆鄉親及弟子宣布抗日，並推舉李向榮為大總理，率領六堆義勇北上響應「台灣民主國」抗日行動。〔註54〕生平事蹟和遺稿由曾孫邱統凡等人整理出版，邱統凡序云：

> 邱國楨的生平事蹟，六堆文史及人物已有多位前輩撰述，但有關吾曾祖父邱國楨（贊臣）公之史事卻鮮少有人撰述，坊間有關國楨公之論述，有許多與事實不符，為了讓大家了解國楨公之生平事蹟，吾特別根據邱家保存的文物，先父邱景軒及堂姑邱松金的口述，寫下國楨公之生平事蹟。〔註55〕

目前可見邱國楨遺稿存詩係其真跡，筆力剛勁，共計一百二十七首，皆為七

〔註54〕有關邱國楨生平事略，係參考自邱統凡、邱春美著：《六堆甲午抗日精神領袖歲進士　儒學正堂　邱國楨・邱國楨（贊臣）之身世》，頁 6～9。此外，邱國楨號召六堆子弟抗日經過，據鍾壬壽所記：「內埔耆宿有貢生邱贊臣者慷慨號召六堆的中堅份子，在內埔媽祖廟開了響應會議刑牲而盟，授以器申以約，並推舉人李向榮為大總理，蕭光明為副總理，鍾春發為總參謀，接著各堆也推出負責人，同心合力統率義勇軍北上。」上述引文參考自鍾壬壽編著：《六堆客家鄉土誌》，頁 104～105。

〔註55〕見邱統凡、邱春美著：《六堆甲午抗日精神領袖　歲進士　儒學正堂　邱國楨・自序》，頁 4。

絕，係作者五十五歲時所作，其內容為「情詩」系列。詩前有序，可知創作動機，其云：

> 丙戌元旦十五日，接觀廣東辛未科燿樞梁狀元會試硃卷。□□□三妻，先室高氏，晉階公第八女；繼室汪氏，子彥翁之次女；再繼室仍汪氏，子彥翁第三女，迄今子彥翁第三女，現為狀元大夫人。我今日所值，若合符節，即岳母鍾氏，亦仍有第三女，質性英明，不知可依樣畫葫蘆否？因慨然有感，不禁作七絕一百二十餘首以誌。
>
> 事雖奇罕，而理則庸常云爾！〔註56〕

從邱國楨詩序可知百餘首七絕組詩的創作，乃因光緒十二年（1886）閱讀辛未科（同治十年，1871）廣東省籍狀元梁燿樞會試硃卷的家世行述有感而發。〔註57〕蓋作者從此份硃卷發現梁氏共娶妻三次，第一次是高階公第八女兒，第二次是汪子彥的第二女兒，第三次則是汪子彥的第三女兒，此女成為梁氏高中狀元時的夫人。梁氏的三位夫人之中，再娶和三娶者為姊妹，皆汪子彥之女。在此之前，必須先提到邱國楨的婚姻情形。

　　邱國楨渡海來臺之前，在中國故鄉曾經娶妻生子，元配沈氏生子、女各一。來臺後，另娶內埔豐田村鍾氏鳳妹為妻，育有三子二女。光緒十一年（1885），鍾氏產下第三子後，旋因血崩遽逝。〔註58〕因此，當邱氏閱讀辛未科狀元會試硃卷時，正是中饋乏人，乃有續弦之意。而其岳母家中尚有「質性英明」的第三女，因感慨於「我今日所值」與昔日梁燿樞「若合符節」，欲效前人之例，擬「依樣畫葫蘆」，向岳家表達迎娶妻妹之意，殆因難以啟齒，遂將滿腔情衷吟成百餘首七絕以誌。文末猶自解迎娶故妻之妹「事雖奇罕」，其中道理卻是「庸常云爾」。

　　詩序之後，各詩標明「其一」、「其二」、「其三」為題號，至「其一百二七」為止，而「其一百〇三」重複標號，卻缺「其一百〇五」，故情詩總數仍

〔註56〕見邱統凡、邱春美著：《六堆甲午抗日精神領袖 歲進士 儒學正堂 邱國楨》，頁92。

〔註57〕清代進士、舉人自刻硃卷或墨卷有一定的體例，必先自述姓名、年歲、籍貫，次及族戚。自始祖起，凡歷代祖先功名、官職可考者，必須完全列入，直至本身的父、母、妻、子、女、兄、弟、伯、叔、姪。以次為受業師、受知師名銜略歷、同考官名銜和本房原薦批語等繁瑣冗長文字，最後才是八股文和試帖詩。上述資料見林文龍：《臺灣的書院與科舉》，頁221。

〔註58〕分見於邱統凡、邱春美著：《六堆甲午抗日精神領袖 歲進士 儒學正堂 邱國楨》，頁7、11。

為一百二十七首。其中，偶見缺字漏句，以「其一百二十」亡去第三、四句最為嚴重，而「其一百二七」僅見前三句，末句只餘「萬」字，最後六字已佚，無法畢見全貌。

因為邱氏情詩數量多達一百二十七首，無法逐一析論，僅歸納詩中重點予以探討，藉以勾勒出此一系列組詩特色。然而，根據邱統凡所整理的族譜顯示，其妻室僅見沈氏（大陸元配）和鍾氏（臺灣再娶）兩位。〔註59〕據此可以推斷，最終邱國楨並未如願娶得妻妹（鍾氏第三女），如今已無法確知箇中原因。邱氏情詩的特色，可以歸納成內容、用字、用典和技巧等幾個主題來看。以下茲就情詩內容加以析論，惟因行文順暢起見，邱氏所追求的鍾氏第三女，本文概以「鍾女」稱謂。

一、內容方面

邱氏情詩的內容可以概分成幾個子題，其一是效法梁氏前例，其二是強調鍾女年紀，其三是引用鍾女之姊，其四是對鍾女的稱謂。以下分就各項子題論述。

（一）效法梁氏前例

邱氏自序提到辛未科廣東籍狀元梁耀樞共娶妻三次，除元配之外，繼室和再繼室為同胞姊妹，自忖「我今日所值」處境與梁氏續絃情節相合，乃欲「依樣畫葫蘆」，因引梁氏之事入詩，其四云：

> 任世多言未足奇，唐堯二女既先為。
>
> 梁君及第今追步，豈是吾曹獨創之。〔註60〕

本詩指出任憑世人多言不足為奇，並以古代有堯帝二女娥皇和女英同嫁於舜在先，今日則有梁氏狀元追步於其後，藉此說明姊妹同嫁一夫並非我輩創舉。據此，邱氏復云「都是前賢曾作樣，幽人何事尚遲疑」（其一七）、「葫蘆依樣做前賢」（其一九）、「何妨依樣做前賢」（其四八）、「先賢榜樣作前津」（其五七）。總之，詩人為了消弭鍾女對於人言的疑慮，認為「不存痕迹見真機，休

〔註59〕見邱統凡、邱春美著：《六堆甲午抗日精神領袖 歲進士 儒學正堂 邱國楨》，頁202。

〔註60〕見邱統凡、邱春美著：《六堆甲午抗日精神領袖 歲進士 儒學正堂 邱國楨》，頁44。

管他人說是非，任彼狀元兼及第，猶曾姊妹咏于歸」（其一百十六）。〔註61〕
由此可以推知，邱氏追求妻妹鍾女爲繼室一事，在當時曾經引來鄉人的議論。

（二）強調鍾女年紀

　　從邱氏情詩的詞句可以得知，鍾女年紀當爲二十七歲。詩人分別以數字
相乘和年華虛度的方式表達出鍾女的年紀，似乎有意藉此提醒閨中人待字惜
春。

　　以數字相乘者，作者以「三九」方式表示，如其二十云：

　　　　本然姊妹不爲奇，三九佳人被及時，

　　　　若是光陰虛再度，縱生麟鳳亦教遲。〔註62〕

次句言「三九」佳人，直指鍾女芳齡二十七歲。三句語意轉折，提醒佳人若
再「虛度光陰」，即使「縱生麟鳳」，育有子嗣仍是太遲，而其二九更云：

　　　　於今不字欲何爲，三九年華待幾時，

　　　　再過數春長嘆老，須知及早好圖維。〔註63〕

首句對於鍾女至今不嫁提出質疑，次句提到年紀，三句是警語，結尾呼應首
句，提醒應及早思量未來。

　　其餘類似詩句，尚有「三九年華父及時，因緣合適竟遲遲」（其一）、「可
憐三九無奇偶，想是天生作合遲」（其十四）、「名門女子久相推，三九年華未
配時」（其二七）、「故今三九尚遲疑」（其六一）、「三九可憐惟有爾」（其七二）、
「韶光三九猶無偶，可悟天然配合神」（其九十）。

　　以年華虛度者，作者多以「廿六」方式表示，如其三四云：

　　　　日對孤燈廿六年，從今幸勿再流連。

　　　　因緣有路宜趨步，勝守空閨幾萬千。〔註64〕

作者謂鍾女已「日對孤燈廿六年」，希望從此不要再蹉跎猶豫。

　　其餘類似詩句，尚有「韶華廿六經過去，寄語叮嚀細細思」（其八）、「韶

〔註61〕見邱統凡、邱春美著：《六堆甲午抗日精神領袖　歲進士　儒學正堂　邱國楨》，
　　　　頁52～53。

〔註62〕見邱統凡、邱春美著：《六堆甲午抗日精神領袖　歲進士　儒學正堂　邱國楨》，
　　　　頁45。

〔註63〕見邱統凡、邱春美著：《六堆甲午抗日精神領袖　歲進士　儒學正堂　邱國楨》，
　　　　頁46。

〔註64〕見邱統凡、邱春美著：《六堆甲午抗日精神領袖　歲進士　儒學正堂　邱國楨》，
　　　　頁46。

光廿六虛過度，莫謂長爲不老身」（其二四）、「爭耐光陰廿六年」（其六五）、「廿六光陰虛過度，莫教春燕自雙飛」（其六七）、「廿六韶光早既移」（其八六）。

此外，以「二八光陰去幾年，從今轉瞬大非然」（其二一）提醒鍾女已過二八年華多時，轉眼即將老去。又以「於今六甲將過半，萬勿深閨自嘆嗟」（其二五）表示即將邁入三十歲，切勿空自感慨。而「況在韶華廿七天」（其六三）則是直接表示鍾女已經二十七歲。

（三）引用鍾女之姊

邱氏的情詩常提到鍾女之姊，即來臺所娶的夫人鍾鳳妹女士，計有十一次之多，最常見的稱謂是「君姊」，次爲「鳳姊」和「爾姊」。邱氏往往借「君姊」之口，傳達追求鍾女的心意。如其五云：

> 君姊曾言爾特奇，微蟲亦與動幽思。
>
> 先嘗好女經長嘆，都是愁懷亂咏詩。〔註65〕

其六首句亦云「君姊又稱爾絕才」，旨在借乃姊昔日所言，以證鍾女「質性英明」之處。其一一云：

> 君姊留言甚可驚，萬般囑咐眼宜光。
>
> 四方上下都相訪，莫若同懷妙主張。〔註66〕

詩人甚至以「君姊留言」表示追求鍾女乃故妻生前所囑。不僅如此，邱氏以「君姊」辭世，將自己續弦鍾女之舉，視爲命定姻緣，如「況非君姊長辭世，那合開言問事宜」（其一五）、「幽人一旦翻然悟，君姊何爲永別離」（其六一）、「別離君姊定姻緣，千世修來再續弦」（其六二）、「號曰前途是何因，分明鳳姊作良津」（其九十）、「主張亦有命安排，爾姊輕生勝作媒」（其九二）。

（四）對鍾女的稱謂

邱氏對於鍾女的稱謂有數種，以幽人最多，其次分別是姨娘、姨人、君、爾等。「幽人」一詞常見於詩歌，原爲隱士之意，如李白有〈山中與幽人對酌〉，描述與山中隱士對飲的情景，或如韋應物的「空山松子落，幽人應未眠」（〈寄

〔註65〕見邱統凡、邱春美著：《六堆甲午抗日精神領袖 歲進士 儒學正堂 邱國楨》，頁44。

〔註66〕見邱統凡、邱春美著：《六堆甲午抗日精神領袖 歲進士 儒學正堂 邱國楨》，頁44。

秋夜寄邱員外〉），以懸想手法傳達對遠方朋友的思念。邱氏將鍾女比擬爲幽
人的詩句不少，共有十三處，意近於「思念的人」。其十云：

> 永作幽人念更癡，從今豈定無佳期，
>
> 尋常賤質皆求匹，況在嫦娥絕世姿。〔註67〕

詩的前半以「癡」表達對鍾女無限的思念，詩的後半則以「嫦娥」讚美鍾女
的容貌。其四四云：

> 淑景韶華處處新，一年容易又逢春。
>
> 幽人若會光陰速，深閨夜夜亂精神。〔註68〕

表面描述新春美景，惟在第三句指出鍾女若瞭解青春易逝的道理，當爲此感
到心煩意亂。其六八云：

> 雙飛燕子語梁聞，日日呢喃對對還，
>
> 觸起幽人深會悟，百般情緒應難刪。〔註69〕

前兩句爲景語，後兩句爲情語。詩人以樑上雙燕呢喃的親密景象寄情，藉以
反襯鍾女形單影隻的景況，設想女方應對此觸景傷情。其餘詩句，例如「囑
咐幽人莫怪疑，祇因爾尚無雙時」（其一五）、「借問幽人誰作主，可憐繡□莫
言私」（其三七）、「幽人若解同愁緒，春事奚煩過往還」（其五一）、「待到當
前方解悟，幽人何事過遲疑」（其五六）、「三五嫦娥曾有幾，幽人愁緒應無端」
（其七十）、「夜深思探幽人事，無奈翻聞待晚春」（其一百○七）、「天然作合
誇誰是，願與幽人細細思」（其一百二三）。

　　鍾女本爲邱氏妻妹，詩人亦使用「姨娘」和「姨人」等稱謂，如其一百
二五云：

> 寰區女子最多多，不比姨娘若素娥。
>
> 借問人間誰得似，可憐深夜自悲歌。〔註70〕

本詩將鍾女比爲月中嫦娥，既讚其貌美，又憐其孤獨。其八六則云：

〔註67〕見邱統凡、邱春美著：《六堆甲午抗日精神領袖　歲進士　儒學正堂　邱國楨》，
　　　　頁44。

〔註68〕見邱統凡、邱春美著：《六堆甲午抗日精神領袖　歲進士　儒學正堂　邱國楨》，
　　　　頁47。

〔註69〕見邱統凡、邱春美著：《六堆甲午抗日精神領袖　歲進士　儒學正堂　邱國楨》，
　　　　頁49。

〔註70〕見邱統凡、邱春美著：《六堆甲午抗日精神領袖　歲進士　儒學正堂　邱國楨》，
　　　　頁53。

> 姨人未配最稱奇，廿六韶光早既移。
>
> 魚水相逢神示我，因緣何故不詳推。〔註71〕

首言妻妹已二十七歲，卻未曾許嫁堪稱奇事，次言神明啓示兩人有魚水良緣，爲何不詳加考慮。其餘詩句，尚有「同姓不婚誠古道，姨娘豈竟等模糊」（其四七）、「論婚月老非虛語，恰值姨人未配時」（其八五）、「我妻死了眞眞是，況復姨人再繫思」（其一百十二）。

二、用字方面

在用字方面，邱氏刻意運用重言疊字以及某些常用詞語，以下分項論述。

（一）重言疊字

在用詞方面，邱氏善用疊字，有「遲遲」、「細細」、「竹竹」、「對對」、「日日」、「夜夜」、「葉葉」、「枝枝」、「蟄蟄」、「處處」、「離離」、「箇箇」、「暗暗」、「子子」、「孫孫」、「千千」、「茫茫」、「漫漫」、「盈盈」、「哥哥」、「雙雙」、「翩翩」、「殷殷」、「急急」、「直直」、「眞眞」、「昭昭」、「連連」等，其中以「日日」出現六次（其二六、其四六、其六七、其六八、其一百〇一、其一百〇二）最多，而以「遲遲」（其一、其二、其七、五三）和「細細」（其八、其二六、其一百二三、其一百二四）出現四次居次。邱氏以重言疊字加深詩中的語意，增加詩歌的旋律和語言的節奏，以抒發強烈的情緒，是邱氏情詩常見的手法。首先，鍾女長年獨守空閨，而作者試圖以「日日」凸顯此種尷尬的處境，其六七云：

> 流方百世古來稀，日日空憐隱繡緝，
>
> 廿六光陰虛過度，莫教春燕自雙飛。〔註72〕

其一百〇一亦然，詩云：

> 愁眉日日守空房，有口難宣月色涼。
>
> 若恐人寰嘲笑起，夜深誰與賦雞鳴。〔註73〕

〔註71〕見邱統凡、邱春美著：《六堆甲午抗日精神領袖 歲進士 儒學正堂 邱國楨》，頁50。

〔註72〕見邱統凡、邱春美著：《六堆甲午抗日精神領袖 歲進士 儒學正堂 邱國楨》，頁49。

〔註73〕見邱統凡、邱春美著：《六堆甲午抗日精神領袖 歲進士 儒學正堂 邱國楨》，頁51。

其次，以「遲遲」促使鍾女瞭解時間不待人的壓力，其二云：

> 有才有學士難窺，巾幗門中更倍奇。
>
> 賞識高人聲價重，三生何必恨遲遲。〔註74〕

前兩句言鍾女才學兼俱，因以「巾幗」稱奇；後兩句言鍾女獲得賞識，聲名既高，末句詰問終生大事何以如此延遲，令人扼腕。詩人認爲鍾女遲遲不婚，惟對於姻緣必須要有主見，因爲「從無未配可榮誇」（其二五），故云「遲遲匹耦又何妨，總要姻緣有主張」（其五三）。而組詩之首更是提到「姻緣合適竟遲遲」，對於合適的婚配對象竟然遲疑不前，語意相當直接。

而「細細」一詞則與「思」字做結合，形成「細細思」的詞句，並常見於全詩之末，其用意在於希望鍾女對於婚姻大事仔細思量。其八云：

> 百歲光陰度幾時，人人兒女立高平。
>
> 韶華廿六經過去，寄語叮嚀細細思。〔註75〕

又如其二六云：

> 長夜漫漫祇自知，空閨日日夢如癡。
>
> 百年轉瞬都非久，點破機關細細思。〔註76〕

本詩一連使用「漫漫」、「日日」和「細細」三個疊字組，先以「漫漫長夜」對襯「日日空閨」，最後以「百年轉瞬」和「點破機關」提醒鍾女要「細細思量」，及時把握有限的春光。

（二）常見詞語

邱氏苦心追求鍾女，某些詞語頻頻出現，其中以「天然作合」、「作合」、「良緣」、「因緣」和「姻緣」等詞語出現最爲常見。「天然作合」和「作合」兩組詞語意思相同，旨在強調兩人的結合乃「天作之合」，共出現十四次（其十四、其二一、其二三、其二七、其三十、其四十、其五二、其七八、其八四、其八七、其九三、其九四、其九五、其一百二三），而「良緣」、「因緣」和「姻緣」三組詞語意思相近，意在說明兩人的結合乃「天賜良緣」，共出現二十次之多（其一、其三、其十九、其二三、其二八、其三四、其四六、其

〔註74〕見邱統凡、邱春美著：《六堆甲午抗日精神領袖 歲進士 儒學正堂 邱國楨》，頁43。
〔註75〕見邱統凡、邱春美著：《六堆甲午抗日精神領袖 歲進士 儒學正堂 邱國楨》，頁44。
〔註76〕見邱統凡、邱春美著：《六堆甲午抗日精神領袖 歲進士 儒學正堂 邱國楨》，頁45。

五三、其五五、其五九、其六十、其六二、其六九、其八二、其八四、其八六、其八七、其九四、其九五、其九六)。

詩人巧妙地將「天作之合」和「天賜良緣」的兩類詞語運用在作品之中，有單獨出現，也有一同出現，茲舉數首作品以概其餘。單獨出現者，如其一四云：

> 風度翩翩最繫思，英明正大世交推。
> 可憐三九無其偶，想是天生作合遲。〔註77〕

其四十云：

> 百般作合非無因，桃杏曾聞嫁暮春。
> 任是寰區難結伴，何妨欠缺敬如賓。〔註78〕

其五五云：

> 稱觥最喜並芳婆，子子孫孫祝誕期。
> 過後綿長宗祖福，姻緣奚可或差池。〔註79〕

一同出現者，如其三云：

> 系出名門世共推，奇姿異質久親窺。
> 天然作合分前後，夙有良緣尚未遲。〔註80〕

其二三云：

> 百世姻緣早繫線，千般作合亦難移。
> 昔年有客相爭問，都是婚因尚錯時。〔註81〕

其八二云：

> 因緣本是出良緣，自古即今莫不然。
> 真正英名天下少，況兼風度又翩翩。〔註82〕

〔註77〕見邱統凡、邱春美著：《六堆甲午抗日精神領袖 歲進士 儒學正堂 邱國楨》，頁44。

〔註78〕見邱統凡、邱春美著：《六堆甲午抗日精神領袖 歲進士 儒學正堂 邱國楨》，頁46。

〔註79〕見邱統凡、邱春美著：《六堆甲午抗日精神領袖 歲進士 儒學正堂 邱國楨》，頁48。

〔註80〕見邱統凡、邱春美著：《六堆甲午抗日精神領袖 歲進士 儒學正堂 邱國楨》，頁43。

〔註81〕見邱統凡、邱春美著：《六堆甲午抗日精神領袖 歲進士 儒學正堂 邱國楨》，頁45。

〔註82〕見邱統凡、邱春美著：《六堆甲午抗日精神領袖 歲進士 儒學正堂 邱國楨》，頁50。

其九四云：

> 作合無私最是奇，兩人問卜一般癡。
>
> 到時果既心相契，夙有良緣不悔遲。〔註83〕

從上述加框詞語可見，不管是「天作之合」或「天賜良緣」等類詞語單獨出現或一同出現，其用意都在藉此提醒鍾女必須把握春光或難得的情緣，以免「錯失良機」。

　　此外，邱氏提到「遲」、「遲遲」和「遲疑」等詞語出現的次數亦多，共有十五處（其一、其二、其三、其七、其一七、其二十、其五二、其五三、其五六、其五七、其六一、其九四、其一百十七、其一百十八、其一百二四）。其中，意思不盡相同，或言因緣恨遲、或云把握良緣不遲、或嘆美人遲暮、或勸進婚事莫遲疑，茲舉兩首以概其餘。其六一云：

> 沮過曾聞最眾辭，故今三九尚遲疑。
>
> 幽人一旦翻然悟，君姊何爲永別離。〔註84〕

其一百二四云：

> 細細思來自是奇，勸娘納聘勿遲疑。
>
> 分明俗說毋輕聽，好悟逢春正及時。〔註85〕

從上述加框詞語可見，不管是「三九尚遲疑」或「納聘勿遲疑」，都在告訴鍾女切勿偏聽人言，要「翻然醒悟」，及早定下婚姻大事。

三、用典方面

　　邱氏情詩用典之處極多，用意在加強求婚的說服力，所用典故可概分成事典和語典兩大類。前者將古人故事或事物引用入詩，後者將典籍或成語詞句剪裁入詩，茲條述於下。

（一）事典

　　1. 堯帝二女：相傳堯帝有娥皇和女英兩位女兒，二人同嫁於舜。舜成爲

〔註83〕見邱統凡、邱春美著：《六堆甲午抗日精神領袖 歲進士 儒學正堂 邱國楨》，頁51。

〔註84〕見邱統凡、邱春美著：《六堆甲午抗日精神領袖 歲進士 儒學正堂 邱國楨》，頁48。

〔註85〕見邱統凡、邱春美著：《六堆甲午抗日精神領袖 歲進士 儒學正堂 邱國楨》，頁53。

天子後，以娥皇爲后，女英爲妃，後舜崩於蒼梧，二女亦沒於江、湘之間，成爲湘君和湘夫人，其事見於《史記・五帝本紀》。邱氏兩次引堯帝二女同嫁一夫之事入詩，分見於其四和其一百〇八，其一百〇八云：

> 人世浮言大半癡，由賢禮義問誰知？
>
> 觀型二女唐虞事，俗子奚爲漫費詞。〔註86〕

邱氏以唐堯二女之典型，化解世人浮言蜚語。

2. 御溝紅葉：鍾女年長未婚，邱氏特別引用「御溝紅葉」典故入詩，以此證明兩人姻緣相配。其二七云：

> 名門女子久相推，三九年華未配時。
>
> 想是天然留作合，御溝紅葉好題詩。〔註87〕

蓋御溝紅葉的典故，有數種版本，皆出自於唐代。〔註88〕故事內容大抵是宮中女子題詩於紅葉，置御溝中流出，後爲士子所得，懷戀題詩女子，在姻緣巧合之下，終成佳偶。因此，「御溝紅葉」成爲姻緣巧合的比喻，亦作「紅葉之題」、「御溝題葉」、「御溝流葉」。從本詩所言，鍾女年華三九未配，作者推想是天意如此，留此佳人以待有緣人，故云「天然留作合」，末句以紅葉題詩故事強調其說。

3. 子平願了：子平，指東漢向長。向長在辦完所有兒女的嫁娶事後，即棄家與好友雲遊四海，其事見於《後漢書・向長傳》。後世遂指父母在兒女成家後，了無牽掛。其四一云：

> 我勸翁姑意莫癡，男婚女嫁古今規。
>
> 子平願了奚勞慮，只□通權達變宜。〔註89〕

首句以白話「我勸翁姑」切入「男婚女嫁」的主題，類似的詞意，尚可見「勸娘納聘勿遲疑」（其一百二四），坦白直接，毫不做作。邱氏在熱烈追求鍾女之際，復以「子平畢娶」典故向岳母求情，希望獲得認同，贊成許嫁乃女，可謂用心良苦。

〔註86〕見邱統凡、邱春美著：《六堆甲午抗日精神領袖 歲進士 儒學正堂 邱國楨》，頁52。

〔註87〕見邱統凡、邱春美著：《六堆甲午抗日精神領袖 歲進士 儒學正堂 邱國楨》，頁45。

〔註88〕「御溝紅葉」的故事始於唐代中、晚期，可分見於范攄《雲溪友議・卷十》、劉斧《清瑣高議・流紅記》、孫光憲《北夢瑣言・卷九》等書。

〔註89〕見邱統凡、邱春美著：《六堆甲午抗日精神領袖 歲進士 儒學正堂 邱國楨》，頁47。

4. 二喬桃夭：漢太尉橋玄有二女，本作「二橋」，容貌皆出眾，孫策納大橋，周瑜納小橋，橋姓後改為喬，後世因稱為「二喬」。其四六云：

　　寰區日日賦桃夭，箇箇良緣說二喬。

　　漫擬女貞長不字，知君暗暗總無聊。〔註90〕

本詩兼用疊字技巧和《詩經‧桃夭》入詩。〈桃夭〉是賀新娘的作品，透過詠桃描寫芳齡女子的婚嫁。詩的後半模擬鍾女守貞不字，暗示最後將終身無依。

5. 林逋故事：林逋，字君復，北宋錢塘人（今浙江杭州）。性恬淡好古，擅長行書，好作詩，隱居西湖孤山，終身不仕、不娶，以植梅養鶴為樂，世稱「梅妻鶴子」。詩風淡遠，多寫隱居生活和淡泊心境，卒謚「和靖先生」。邱氏引林逋故事入詩，其四七云：

　　梅妻昔日號林逋，絕世奇情眾所無。

　　同姓不婚誠古道，姨娘豈竟等模糊。〔註91〕

本詩以林逋終身不娶事蹟為「絕世奇情」，有意藉此比擬鍾女不嫁亦為世間不通人情之事。

6. 梁鴻孟光：梁鴻，字伯鸞，扶風平陵（今陝西咸陽）人。東漢初入太學，後回鄉娶妻孟光，字德曜，有德無容，入霸陵山隱居，以耕織為業。孟光舉案齊眉以事夫，夫婦相敬如賓，後世以孟光比喻為賢妻。梁鴻和孟光故事見於《漢書‧梁鴻傳》。邱氏引梁、孟故事入詩，其五九云：

　　昔鴻曾配孟光賢，軼事於今尚永傳。

　　始信人生行樂處，良緣夙締本從天。〔註92〕

本詩明顯將梁鴻、孟光比擬為作者和鍾女，希望邱、鍾兩人良緣天定，從此得以夫唱婦隨，其樂融融。

7. 牛郎織女：邱氏或以鍾女不易得見，有「三秋一日繫遲思」（其八十）之嘆，遂引牛郎織女故事入詩，其七三云：

〔註90〕見邱統凡、邱春美著：《六堆甲午抗日精神領袖　歲進士　儒學正堂　邱國楨》，頁47。

〔註91〕見邱統凡、邱春美著：《六堆甲午抗日精神領袖　歲進士　儒學正堂　邱國楨》，頁47。

〔註92〕見邱統凡、邱春美著：《六堆甲午抗日精神領袖　歲進士　儒學正堂　邱國楨》，頁48。

開顏自是樂相關,可比牛郎織女班。

暗渡銀河看夜半,鵲橋填後始迴環。〔註93〕

作者以牛郎織女會面難,比擬現實生活中難以相見的兩人。

8. 季布故事:季布,楚人。楚漢相爭,初為項羽部將,數圍劉邦,及項羽滅,被劉邦追捕,後由朱家透過汝陰侯滕公,乃得赦免,並官至郎中、中郎將及河東守等。其人為氣任俠,重然諾,當時人稱「得黃金百斤,不如得季布一諾」,其事可見《史記‧季布欒布列傳》。邱氏以季布風度喻己,其八三云:

翩翩風度繫人思,一諾千金季布辭。

納聘漫教猶不許,寰區誰與定雄雌。〔註94〕

本詩後半指出倘若不許納聘求婚,惟此間復有何人可與作者「定雄雌」,顯見邱氏對於本身的才華和名聲頗有自得之意。

9. 莊子鼓盆:莊子妻死,箕踞鼓盆而歌,旨在說明莊子對於生死的超然達觀,其事見於《莊子‧至樂》。其一百十二云:

勿怪吾今異昔時,鼓盆莊子早言之。

我妻死了眞眞是,況復姨人再繫思。〔註95〕

邱氏用莊子鼓盆故事解釋死生乃無可避免之事,必須順應自然規律,以取得內心的安寧平靜,並非刻意漠視己身喪偶之痛,藉此表達追求鍾女非是「今異昔時」的無情行徑,實則是為世間至眞情性的流露。

邱氏所用的事典極為多樣化,大多圍繞在強調追求鍾女之事雖奇,惟已有前例可循,為進一步強調此事不僅合乎人情,亦「順應天理」,甚至引用宗教或神話人物入詩,如月老、佛祖和呂洞賓,成為特殊的事類。月下老人主管人間婚配,為適婚男女「牽紅線」,向來被借指為媒人,此一組詩可見於多處(其六十、其八五、其八八、其九五、其一百〇九、其一百二二、其一百二三),用以配合作者積極追求鍾女的心意,其六十云:

〔註93〕見邱統凡、邱春美著:《六堆甲午抗日精神領袖 歲進士 儒學正堂 邱國楨》,頁49。

〔註94〕見邱統凡、邱春美著:《六堆甲午抗日精神領袖 歲進士 儒學正堂 邱國楨》,頁50。

〔註95〕見邱統凡、邱春美著:《六堆甲午抗日精神領袖 歲進士 儒學正堂 邱國楨》,頁52。

良緣夙締人莫知，月老殷殷論昔時。

果是赤繩曾繫足，任教沮過莫差池。〔註96〕

其一百〇九又云：

漫費閒詞奚足云，東風一掃等浮雲。

果然月老論前定，異說奚煩復再紛。〔註97〕

二詩同旨，皆在說明月老早定兩人姻緣，「果是赤繩曾繫足」，莫教閒言紛擾，致生差池阻遏。

　　邱氏爲證兩人姻緣得到神明開示和恩允，以釋鍾女愁緒和疑慮，竟數次引用佛祖入詩（其七八、其八四、其八八）。其七八云：

惹傷愁緒亂如狂，佛祖靈籤道一場。

應是三生原有定，天教作合好推詳。〔註98〕

其八四云：

岡山佛祖最靈奇，去歲分明指示知。

南北東西皆是錯，天然作合問推誰。〔註99〕

其八八云：

繫足赤繩原是眞，殷殷月老論前因。

更兼佛祖明言示，富貴榮華到底春。〔註100〕

第一首言佛祖靈籤顯示，兩人三生已定。第二首指出佛祖去歲已經明示，爲了提高神蹟靈驗可信，更是直接點出岡山地名，此舉極爲罕見。第三首連用月老和佛祖，前兩句藉月老紅繩言兩人姻緣天定，後兩句藉佛祖啓示言兩人榮華富足。

　　從上述詩句判斷，邱氏爲了追求鍾女，應曾親赴岡山向當地佛祖求籤卜卦，在神前取得籤示後，約是內容利於姻緣，因云「魚水相逢神示我，因緣

〔註96〕見邱統凡、邱春美著：《六堆甲午抗日精神領袖　歲進士　儒學正堂　邱國楨》，頁48。

〔註97〕見邱統凡、邱春美著：《六堆甲午抗日精神領袖　歲進士　儒學正堂　邱國楨》，頁52。

〔註98〕見邱統凡、邱春美著：《六堆甲午抗日精神領袖　歲進士　儒學正堂　邱國楨》，頁50。

〔註99〕見邱統凡、邱春美著：《六堆甲午抗日精神領袖　歲進士　儒學正堂　邱國楨》，頁50。

〔註100〕見邱統凡、邱春美著：《六堆甲午抗日精神領袖　歲進士　儒學正堂　邱國楨》，頁50。

何故不詳推」（其八六）、「靈籤一一試詳推，指示分明配合奇。去歲既云君把定，前途此事尚何疑」（其八九）。邱氏數引佛祖籤言強調兩人緣份天定，更為此段情緣增添些許神異色彩。

邱氏亦引呂洞賓入詩（其一百二一），惟其詩末句已無法辨識，僅存前三句，暫錄原作於下：「洞賓仙子最神奇，凡事俱能前預知。折取母遲神示爾，□□□□□□□。」總之，本詩亦見神明啓示。

（二）語典

在引用典籍方面，邱氏以《詩經》為主，其表現方式多為直接言及篇章名稱，亦有化用其中詩句者。同首詩中有援用單一篇章，也有連用數章者，不一而足，饒富變化。直接言及篇章名稱者，如其十二云：

> 主張亦有命安排，爾姊輕生勝作媒。
>
> 老母難知衷曲隱，摽梅迨□費詳猜。〔註101〕

末句化用〈摽有梅〉之章名，其詩內容描寫遲婚待嫁女子望見梅子落地，引起青春將逝的傷感，而急於求士的心情，藉此假設鍾女年長未婚的心情。而〈桃夭〉之名則已見於前述「寰區日日賦桃夭」（其四六）。

連用數篇名稱者，其三五云：

> 關雎窈窕幾篇章，熟讀還推麟趾祥。
>
> 八百開基王化遠，子孫宜後福綿長。〔註102〕

首句直接將〈關雎〉篇名入詩，次句則將〈麟之趾〉轉成「麟趾」二字。前者是君子追求窈窕淑女的戀歌，卻又「求之不得」的情形；後者原意在讚美周文王子孫盛多，後人遂以「麟趾呈祥」祝頌子孫良善昌盛。而〈關雎〉和〈麟之趾〉兩篇相應出現的情形同樣可見於別詩，如其九八云：

> 相知畢竟是如何，麟趾關雎費咏歌。
>
> 迨到乎而詩許讀，雞鳴警惕勿蹉跎。〔註103〕

末句出現〈雞鳴〉之章名，這是一首妻子催促丈夫早起的作品，詩為問答聯

〔註101〕見邱統凡、邱春美著：《六堆甲午抗日精神領袖　歲進士　儒學正堂　邱國楨》，頁44。

〔註102〕見邱統凡、邱春美著：《六堆甲午抗日精神領袖　歲進士　儒學正堂　邱國楨》，頁46。

〔註103〕見邱統凡、邱春美著：《六堆甲午抗日精神領袖　歲進士　儒學正堂　邱國楨》，頁51。

句體，透過妻子和丈夫的問答，描寫男子淹戀枕衾而不願聞早晨雞鳴的情形，後世以「雞鳴」比喻賢妃警君之意。不僅如此，「雞鳴」一詞亦可見於他處，如「共警雞鳴是賢妃」（其九九）、「夜深誰與賦雞鳴」（其一百〇一）。

此外，其三六亦連引兩篇章名，詩云：

> 福澤綿長自足多，光陰還要勿蹉跎。
>
> 螽斯蟄蟄奚難擬，作合從教誦伐柯。〔註104〕

本詩前半勸鍾女要把握光陰、知足惜福；本詩後半連用〈螽斯〉和〈伐柯〉兩章，〈螽斯〉本意在祝賀子孫眾多，〈伐柯〉則是一首迎親的歡歌，用意皆在強調兩人的姻緣結合。

化用其中詩句者，則見於其九六，詩云：

> 天定難移亦是多，姻緣天事更何云。
>
> 宜家宜室真經濟，三百篇中好細哦。〔註105〕

三句「宜家宜室」出自〈桃夭〉之章，而末句「三百篇」則是《詩經》別稱。

四、技巧方面

邱氏情詩雖以《詩經》為語典，惟創作技巧並未使用其中常見第一、三句或第二、四句換字以求變化的「迴環疊詠」手法，而是大量出現「頂真連環」的句式。這種句式是以前詩的末句蟬聯後詩的首句，起到遞接句意的效果，不僅連貫作者所要表達的情感，同時又能擴張詩歌的美感效果。在頂真連環技巧的作用之下，「不但使得詩的章與章之間頂接緊湊，流露了激動的情緒，更顯現了愁腸曲折，悲情鬱結之情境與氣氛」，〔註106〕使原本各自獨立的百餘首絕句成為可以訴說完整衷曲的聯章組曲。因此可說，若非作者胸中早已蘊藏充沛的創作動機和能量，斷無可能完成如此大量而自然的連環詩句，此一特色也。

在「聯章」的字詞方面，並非以前詩末字和後詩首字完全頂真連環，其字數和順序也稍有不同，排列變化極多。而聯章詩歌的數量，有些組曲僅止於兩首連結，如其一五至其一六，或其八七至其八八；有些組曲可連續達到

〔註104〕見邱統凡、邱春美著：《六堆甲午抗日精神領袖　歲進士　儒學正堂　邱國楨》，頁46。

〔註105〕見邱統凡、邱春美著：《六堆甲午抗日精神領袖　歲進士　儒學正堂　邱國楨》，頁51。

〔註106〕見沈謙：《修辭方法析論》（臺北市：宏翰，1992年），頁218。

七、八首，如其一百十二至其一百二十，甚至在其五二至其六九之間，則出現高達十八首聯章之數。邱氏刻意大量運用此一技巧，既能凸顯本身的文學造詣，又能表現對意中人連綿不絕的情意，其精心孤詣可見一斑。以下試舉兩首連結和多首連結的聯章組曲爲證，可見其「頂眞連環」之脈絡。兩首連結者，如其三八云：

> 日守空閨意若何，黃昏獨坐夜難過。
>
> 暗中幽隱人誰識，底事應嗟 自瘧歌 。〔註107〕

其三九云：

> 自瘧歌 時自瘧歌，愁懷日夜總婆娑。
>
> 於今我亦同相病，休管閒情轉坎軻。〔註108〕

多首連結者，如其七一云：

> 借材異地實維艱，一片癡情向此間。
>
> 漫說紅顏多薄命，古今才女出 塵寰 。〔註109〕

其七二云：

> 塵寰 女子亦多班，奚事才人過往還。
>
> 三九可憐惟有爾，愁懷豈尚易 開顏 。〔註110〕

其七三云：

> 開顏 自是樂相關，可比牛郎織女班。
>
> 暗渡銀河看夜半，鵲橋塡後 始迴環。〔註111〕

其七四云：

> 鵲橋塡後 欲何爲，千古深情一夜癡。
>
> 任是盈盈分一水，相逢惟有 說離思 。〔註112〕

〔註107〕見邱統凡、邱春美著：《六堆甲午抗日精神領袖 歲進士 儒學正堂 邱國楨》，頁46。

〔註108〕見邱統凡、邱春美著：《六堆甲午抗日精神領袖 歲進士 儒學正堂 邱國楨》，頁46。

〔註109〕見邱統凡、邱春美著：《六堆甲午抗日精神領袖 歲進士 儒學正堂 邱國楨》，頁49。

〔註110〕見邱統凡、邱春美著：《六堆甲午抗日精神領袖 歲進士 儒學正堂 邱國楨》，頁49。

〔註111〕見邱統凡、邱春美著：《六堆甲午抗日精神領袖 歲進士 儒學正堂 邱國楨》，頁49。

〔註112〕見邱統凡、邱春美著：《六堆甲午抗日精神領袖 歲進士 儒學正堂 邱國楨》，頁49。

其七五云：

　　七夕 離思說 若何，金梭弄後道哥哥。

　　神仙尚有天然會，君爾奚煩 獨寤歌 。〔註113〕

其七六云：

　　 獨寤歌 時意倍深，韶光一刻抵千金。

　　永人若會如相許，勝造浮圖數十尋。〔註114〕

從上述加框詞語可見，頂眞的字數並不固定，有兩字、三字或四字，而以兩字者最多，亦可見到單字者，如「作合翻教悔天遲」（其五二）和「遲遲匹耦又何妨」（其五三），而字詞的排列位置也不盡相同。其餘聯章組曲，還有其七七至其八十、其八二至其八三、其九三至其九九、其一百〇六至其一百〇七、其一百〇八至其一百〇九、其一百一十至其一百十一、其一百二五至其一百二六。至於各組聯章的頂眞字詞內容，爲避贅言起見，擬於茲略去不表。

小　結

　　古典情詩的傳統創作手法，通常是男性詩人以女性的口吻書寫，以女子的視角傳達對於愛情的堅貞執著與眞誠期待，以及深閨寂寞苦悶的心理狀態。邱國楨卻能一反常態，直接以自己的立場出發，勇於表達對意中人的愛慕和追求，不僅罕見且難能可貴。即使如此，邱氏仍秉「發乎情，止乎禮」的詩教原則，用語自然，文字平實，委婉含蓄地傳達其「思念」、「苦戀」的情感。

　　總觀邱氏情詩的特色，可以歸納成內容、用字、用典和技巧等幾個主題來看。在內容方面，邱氏先以梁狀元之例解釋自己的求親行爲並非今日獨創，「都是前賢曾作樣」；其次，屢屢強調女主角的年紀，促其把握有限的春光，因爲「再過數春長嘆老」；接著，藉故妻之語讚賞鍾女「質性英明」、「爾才奇特」，甚至提到追求妻妹乃是「君姊留言」，以博得佳人的認同；對於意中人則有多種稱謂，以「幽人」最多，意指爲「思念之人」，其次是姨娘、姨人、君、爾。在用字方面，邱氏喜以重言疊字加強個人的情感，同時使人印象深

〔註113〕見邱統凡、邱春美著：《六堆甲午抗日精神領袖　歲進士　儒學正堂　邱國楨》，頁49。

〔註114〕見邱統凡、邱春美著：《六堆甲午抗日精神領袖　歲進士　儒學正堂　邱國楨》，頁49。

刻，如「日日」、「夜夜」、「遲遲」、「殷殷」、「深深」、「眞眞」和「細細思」等詞語皆然。此外，還常用具有「天作之合」和「天賜良緣」等意思相近詞語，用意都在指出兩人的結合乃是「良緣夙締本從天」。在用典方面，有事典和語典，以事典爲多。其事典之例，稱美堯帝二女同嫁一夫，讚許梁鴻、孟光夫婦相敬如賓，以牛郎、織女比擬兩人相見之難，以「御溝紅葉」喻姻緣巧合，而以「子平畢娶」苦勸岳母同意婚事，復引月老、佛祖驗證此段姻緣「合乎天理」。其語典之例，皆取材自《詩經·國風》，集中在歌頌婚姻、子孫昌盛、賢妻警夫等篇章，使人感受到作者眞摯而含蓄的情感。在技巧方面，邱氏精心設計頂眞連環將自己的情意連貫起來，具有一氣呵成之妙，不僅凸顯個人才華，同時使百餘首絕句變成辭意完整的抒情組曲，成爲通篇情詩突出之處。

第三節　江昶榮的作品

江昶榮，原名上蓉，字樹君，號春舫，又號秋舫，中堆竹圍莊人（今屏東縣內埔鄉），原籍廣東嘉應州鎮平縣，生於道光二十一年（1841），卒於光緒二十一年（1895），享年五十五歲。同治九年（1870）中舉，惜場屋之路多蹇，其後春闈四度皆不售，遲至光緒九年（1883）方才得第，時年四十三歲，是屏東地區眞正「生於斯，長於斯」的進士。

江氏登科後，隨即被選派爲四川即用知縣，在赴任之前，先返回臺灣故里省親，並籌措旅費，以及安排接篆班底。翌年（光緒十年，1884），卻因清法戰爭爆發，臺閩航道受阻。海靖之後，整裝赴川，抵達成都任所，已經超過就任期限年餘，遭到言官彈劾，以抗命議處而褫革職務。失望無奈之餘，只能在蜀地教書維生，並上書朝廷請求復官。兩年後，因復職無望，興起登樓之思，欲返臺灣，成都好友爲其餞行，即席賦有〈逾限被議自蜀旋里留別諸同寅〉七律四首，四川道臺楊春樵爲之感動，評曰：「一字一淚，不覺同聲一哭。」此組詩因而傳揚蜀地，名動於時，前來拜謁者踵繼不絕，餞宴無數，返臺旅費遂不籌而足。

光緒十三年（1887）四月，詩人歸臺，慟遭丁憂，守制一年，後至恆春和臺南等地任教，作育英才。雖得當時撫臺大吏劉銘傳爲其申辯請求復官，卻遲至光緒二十年（1894）才獲准開復原官，並欽加五品奉政大夫庶吉士，

惟此時青雲之志已淡。燕居閭里時期，眼見隘寮溪經年氾濫，遂捐資首倡築堤，關心公益之心，爲鄉人所稱道。光緒二十一年（1895），乙未割臺之役，聞訊憂憤至極，遂因病卒。〔註115〕

江氏的詩歌作品，最早係由吳濁流撰文發表，文中特別交代刊登緣由，其文云：

> 民國四十年秋，余旅行屏東偶逢鍾幹郎氏，出示內埔前清進士江昶榮先生佳作抄錄本，並有所囑，今後若有寫作的機會，將此詩發表，以供同好者共賞，這豈不是有心人的雅意。余很久沒有執筆的機會，也沒有發表的地方，致使放在挾中日久，此次因爲臺北市文委會索稿，特將此發表、介紹。〔註116〕

可知在屏東客家人士鍾幹郎的熱心推介和吳濁流的執筆之下，江昶榮詩作得以公諸於世，而吳濁流所介紹的江氏作品，計有二十八首。〔註117〕後來，另一位屏東客家人士鍾壬壽撰有〈江昶榮進士事略〉，專文介紹江昶榮的生平事蹟和詩作，其中說明撰寫緣起和相關資料來源，其序云：

> 編者外祖父劉躍初公（秀才）晚年住竹圍村，與江進士交遊多年，因此聽過很多江進士的故事，記憶猶新、倍感親切。近獲江進士曾孫江錦旺君所擬傳記，並由江進士孫江景勤醫師、外孫曾有裕君、外孫婿李聯增君等提供資料，撰成本文，供大家共仰其道德文章。
>
> 〔註118〕

大抵而言，江氏的人生經歷遭遇波折，求學、功名和仕宦之路並不順遂，其人生以得中進士產生重大的轉折，可依此做爲人生的分水嶺。中式赴川之前，江氏專心讀書，以攻取科甲爲人生目標；中式之後，雖然榮景可期，卻因逾限除官，竟滯蜀兩年餘，最後黯然返鄉。而赴川期間的處遇，正是作者最重要的人生經驗，此一時期所留下的詩歌數量超過其他時期，當可視爲一個獨立時期。因此，江氏登第後又可分成兩個階段，一爲滯蜀時期，另一爲返臺時期。準此而言，前期可以從道光二十一年（1841）至光緒十年（1884）爲

〔註115〕 有關江昶榮生平事略，係參考自鍾壬壽〈江昶榮進士事畧〉，引自鍾壬壽編著：《六堆客家鄉土誌》，頁198～204。

〔註116〕 見吳濁流：〈江昶榮的遺稿〉，《臺北文物》第四卷第一期（臺北市：臺北市文獻委員會，1955年），頁65。

〔註117〕 見吳濁流：〈江昶榮的遺稿〉，《臺北文物》第四卷第一期，頁66～68。

〔註118〕 見鍾壬壽編著：《六堆客家鄉土誌》，頁198。

止，以江氏的生年而言，本期的時間跨度雖然最長，所存作品卻是最少，僅有五首。中期是滯蜀時期，從光緒十一年（1885）至光緒十三年（1887）為止，此時吟詠最多，共有二十首作品。後期則為返臺階段，從光緒十四年（1888）至光緒二十一年（1895）為止，是江氏人生的最後階段，可見八首作品。本文為便於論述江氏作品，茲將其生涯分成三個時期，分別是赴川以前（1841～1883）、滯蜀期間（1884～1887）、返臺以後（1888～1895）。必須說明的是，《全臺詩》是目前收錄江氏遺詩最多的出版品，共輯有三十三首。〔註119〕本文所析江氏詩作，以此做為選本。

一、赴川以前

　　江氏出身寒門，長年苦讀詩書，希望一舉成名。同治九年（1870），閩省鄉試中舉，其應試作品〈賦得山翠萬重當檻出〉（得山字五言八韻）如下：

　　　曉望峰爭出，縱橫翠色環。當憑三尺檻，好數萬重山。

　　　林靄穿簾入，嵐光帶露還。半空籠雉堞，千疊擁螺鬟。

　　　眉黛層層活，欄杆曲曲彎。淡濃青掩映，歷亂碧屏顏。

　　　圖繪煙霞外，詩吟几席間。豪情凌絕頂，蓬島快躋攀。〔註120〕

本詩係試帖詩，據題發揮，以寫景為主，詩題「山翠萬重當檻出」出自唐人許渾〈晨起白雲樓寄龍興江准上人兼呈寶秀才〉，〔註121〕閱卷官批語：「細意熨貼，工雅絕倫」。〔註122〕

〔註119〕見全臺詩編輯小組編撰；施懿琳主編：《全臺詩》第拾冊（臺南市：臺灣文學館，2008年），頁43～51。《全臺詩》所錄較吳濁流版本多出〈癸未年會試旅費無措親朋漠然聊賦七律以見志〉、〈偶然〉、〈偶成〉和〈賦得山翠萬重當檻出得山字五言八韻〉等四首。

〔註120〕見全臺詩編輯小組編撰；施懿琳主編：《全臺詩》第拾冊（臺南市：臺灣文學館，2008年），頁44。

〔註121〕許渾，字用晦（一曰仲晦），唐丹陽人（一曰睦州）。太和六年進士，為太平縣令，大中三年任監察御史，以疾乞東歸，終郢、睦二州刺史，所至有善政。渾長於詩，有《丁卯集》行於世。《宣和書譜》曰：「許渾正書雖非專門，而瀟落可愛，想見其風度，渾作詩似杜牧，俊逸不及而美麗過之。古今學詩者，無不喜誦，故渾之名益著，而字畫因之而並行也。」其〈晨起白雲樓寄龍興江准上人兼呈寶秀才〉詩云：「茲樓今是望鄉台，鄉信全稀曉雁哀。山翠萬重當檻出，水華千里抱城來。東岩月在僧初定，南浦花殘客未回。欲吊靈均能賦否，秋風還有木蘭開。」

〔註122〕本詩收於《福建鄉試硃卷・同治庚午科》，同治庚午年為同治九年（1870）。所謂硃卷，即應考士子試卷彌封後，由專人用硃筆重新謄寫的卷子，以消弭

此外，清代中式的舉人、進士爲向閭里分享榮耀，都要將自己的試卷刻印分送親友，親友亦必還贈禮品以表祝賀之情，此種刊刻的卷子雖是墨卷，仍美稱爲「硃卷」。江氏不能免俗，特地請人將其參加鄉試的硃卷作品刻製成印版，共有五塊，每塊兩面，各塊長約二十四公分，寬約十七公分，現存於本縣內埔鄉客家文物館。江氏此舉，不僅有光耀門楣之意，同時也爲本地有意參加科舉的士子提供可以效法的範本。本詩得以製版留存正是此種背景之下的「產物」。

江氏中舉之後，並未從此平步青雲，連續四次赴京會試皆不售。光緒七年（1881），又遭慈制，可謂「屋漏偏逢連夜雨」。光緒九年（1883），五度春闈，惟因家貧，旅費無措，有感於人情寒涼，在赴試前有〈癸未科會試旅費無措親朋漠然聊賦七律以見志〉詩云：

> 匆匆又作玉京遊，四上春宮愧未售。
>
> 漫笑家貧心易怯，只因親在志難休。
>
> 一鞭馬踏青雲路，萬里帆飛碧海舟。
>
> 此去蓬萊如可到，新詩莫再賦窮愁。〔註123〕

全詩敘事，道出作者五度進京考試的心路歷程。首聯表示四度上京俱未能如意，頷聯指出應試旨在顯親揚名，頸聯和尾聯則以懸想手法預告自己高中功名的景象。江氏雖然早於同治九年（1870）中舉，但由於連續數次科考不如意，致使親友對他漸失信心，對他再度赴試均不抱希望，紛紛冷漠以對而不予資助。再則，以當時的交通條件而言，臺灣士子欲進京科考，必須跨洋渡海，長途跋涉而前程未卜，不免令人卻步。江氏雖人窮卻志不窮，功名之路屢敗屢戰，赴京之路重重險阻，尚須忍受人情的現實，僅此就足以證明其具有過人的恆心和毅力。

其實，在江氏考取秀才之初，鄉里已有燕雀之輩言其僥倖，甚至考中舉人後，仍有人認爲乃「偶然拾得」。在這些譏諷之下，詩人雖然動心忍性，極力壓抑委屈鬱悶，猶在字裡行間見到不平之氣，其〈偶然〉詩云：

考生字跡，使閱卷者無法輕易辨識應試者的筆跡，係爲防止考試舞弊而制訂的措施。由於考生以墨筆寫卷，稱爲「墨卷」，亦稱「闈墨」，而以硃筆謄錄的卷子，則稱爲「硃卷」。上述資料參考自顧廷龍主編：《清代硃卷集成（一）》（臺中市：成文，1992 年），頁 1～2。

〔註123〕見全臺詩編輯小組編撰；施懿琳主編：《全臺詩》第拾冊，頁 44。

偶然偶然又偶然，偶然容易偶然難。

世間許多偶然事，君等何無一偶然。〔註124〕

詩中語氣咄咄，連用七個偶然反駁鄉里閒人指稱僥倖偶然中式之說，可知作者當時胸中激盪的程度，末句更以「君等何無一偶然」詰問，字裡行間可見憤懣不平之情。

光緒九年（1883），江氏春闈得意後榮歸故鄉，恭謁六堆客家精神所在地——西勢忠義亭，並留下〈謁西勢義民祠〉二律。〔註125〕其一云：

誰建斯亭錫此名，捐軀自昔荷恩榮。

威靈合享千秋祀，忠憤難忘一代英。

長使山河成帶礪，共知鄉勇作干城。

氣吞逆賊揮戈起，我粵由來大義明。〔註126〕

其二云：

今昔民心向義同，康熙六代至咸豐。

七營守土旌旗舉，兩里興師賊壘空。

烈節應編臺省誌，聖朝難泯粵人功。

從今瀛海干戈靖，廟宇常新淡水東。〔註127〕

〔註124〕見全臺詩編輯小組編撰；施懿琳主編：《全臺詩》第拾冊，頁44。

〔註125〕兩詩在鍾壬壽所編《六堆客家鄉土誌・江進士昶榮公事蹟》題作〈謁西勢忠義祠〉，據鍾氏所載：「一八九四年中日戰起，民□激憤，江進士有鑑於此，想乘此一機會預作團結六堆之計，……首倡捐修六堆忠義亭。……落成後題有二詩留念。」所題二詩即此。上述引文見鍾壬壽編著：《六堆客家鄉土誌》（無出版地：常青，1999年），頁203。因此，王嘉弘和邱春美沿用是說，皆認為兩詩寫於光緒二十年（1894年），清日甲午戰爭爆發之後。上述說法分見於王嘉弘：〈清代臺灣進士江昶榮作品考述〉，《中國文化月刊》第287期（臺中市：中國文化月刊雜誌社，2004年），頁109；邱春美：《六堆客家古典文學研究》（臺北市：文津，2007年），頁359。然而，根據日人松崎仁三郎所記資料，兩詩寫於光緒九年（1883），江氏高中進士歸來拜謁忠義亭之際，詩題原名僅為〈忠義亭〉，其文云：「光緒癸未9年（1883），登慈榜後歸故鄉，臺南府鳳山縣下淡水，恭謁欽賜忠義亭，肅成二律。」此說可見於松崎仁三郎作：《嗚呼忠義亭（中譯本）》（屏東市：屏縣六堆文化研究學會，2011年），頁175。又，據吳濁流從鍾幹郎處所得抄錄本，兩詩名為〈謁西勢義民祠〉，可參見吳濁流：〈江昶榮的遺稿〉，《臺北文物》第四卷第一期，頁68。綜上所述，由於鍾壬壽距離江氏生存時代較遠，本文以日人松崎仁三郎所記時間為準，認為兩詩當作於江氏入蜀以前，並引用吳濁流之版本為詩名。

〔註126〕見全臺詩編輯小組編撰；施懿琳主編：《全臺詩》第拾冊，頁51。

〔註127〕見全臺詩編輯小組編撰；施懿琳主編：《全臺詩》第拾冊，頁51。

二詩目前仍在本縣竹田鄉西勢村六堆忠義祠的兩側。江氏榮歸故里，以新科
進士身份祭告客家先烈，並以詩爲禱爲頌。前詩禱念粵人誓死捍衛鄉里，英
靈得享千秋血食；後詩頌揚七營守土靖亂功績，忠義祠堂香火長存。兩詩風
格豪邁亢健，激勵人心，以「威靈」、「忠憤」、「一代英」、「山河帶礪」、「作
干城」、「氣吞逆賊」、「大義明」、「烈節編誌」等字句推崇客家忠義精神，充
分凸顯六堆地方色彩，洵爲屏東「在地」書寫的代表作。

二、滯蜀期間

　　光緒十年（1884），江氏欲赴川上任，時值清法戰爭爆發，海路爲之受阻。
翌年（1885）六月，法軍撤離臺灣，航路開通，江氏往赴蜀中就任，是年冬
天抵川。由於蜀地天險，山河修隔，行旅艱難，今昔皆然，歷來文人頗多吟
詠，李白有〈蜀道難〉傳世，描寫入蜀道路的奇險山川，江氏亦有此類作品，
其〈入川舟行過灘〉詩云：

　　　一夜風聲又雨聲，灘頭處處客心驚。

　　　鳴鐃擊鼓三竿日，跳石緣崖數里程。

　　　舟噴水花如鯉躍，人牽竹纜作牛行。

　　　須知利涉憑忠信，莫畏川江浪不平。〔註128〕

前三聯寫景記實，首聯描寫蜀地風雨和川江險阻，中間兩聯形容灘行之難，
而以「舟如鯉躍」和「人作牛行」分述江水的湍急與縴夫的辛苦，刻畫相當
傳神。末聯轉爲抒情，強調只要秉持「忠信」的處世態度，自然無懼江中不
平之浪，透露不畏旅途困難的決心，投射到作者的人生境遇，具有弦外之音。
在此之前，並未見到臺人留下關於蜀地的詩歌，本詩正是臺人「蜀中行」之
首唱，無論在屏東文學史，乃至臺灣文學史，皆有其特殊的歷史意義。

　　江氏歷經困難抵達蜀地，卻因逾越朝廷派任知縣法定期限，原職已由他
人補任，而陷入進退失據的狼狽處境。在無可如何之際，一則因盤纏已盡，
一則欲上書申訴，只好暫時委身當地私塾課讀謀生。等候朝廷復官音訊期間，
偶聞黃昏鴉啼，鄉愁油然而生，因賦〈聞鴉有感〉二首，其一云：

　　　寂寞空齋裡，歸鴉噪夕陰。錦城春已暮，人動故園心。〔註129〕

其二云：

〔註128〕見全臺詩編輯小組編撰：施懿琳主編：《全臺詩》第拾冊，頁45。
〔註129〕見全臺詩編輯小組編撰：施懿琳主編：《全臺詩》第拾冊，頁45。

　　親老難爲別，臨行怯上車。遙知歸到日，猶見倚門閭。〔註130〕

兩詩吐露作者沈重的思鄉情緒。前首以眼見倦鳥歸巢景象而興起「故園心」，表達對臺灣家園的思念；後首以設想親老倚門望歸而寫下「歸到日」，發出對復官無望的喟嘆。由此可知，江氏已有「不如歸去」的念頭。

　　光緒十三年（1887），江氏滯蜀經年，對於申訴官司感到絕望，準備返回臺灣，臨行留下多首酬作贈答川中友人的詩句，創作時間集中在一月至四月之間，內容多爲思鄉和仕途無奈的感發。新春之際，其〈讀消寒會詩興懷粵東前輩韻事感賦〉（丁亥春月作）詩云：

　　當年仙侶賦新詩，錦里消寒雅會時。

　　未得追陪分一席，宦遊眞悔我來遲。〔註131〕

前兩句以回憶起興，遙想往年與眾多文友在新春時節賦詩的光景；後兩句回到現實，表面雖云因爲宦遊而無法「追陪」雅集感到遺憾，實則「悔」字透露出作者內心深處對於羈絆蜀地的遭遇感到不慊。

　　江氏在蜀中最著名的作品，當屬〈逾限被議自蜀旋里留別諸同寅〉（丁亥三月作）四首七律。其一云：

　　忽聞姓氏掛彈章，捧檄西來夢不長。

　　廿載功名如畫餅，一肩行李剩詩囊。

　　同城作客情難別，干祿榮親願未償。

　　此事何須騷首問，九霄雲外色蒼蒼。〔註132〕

其二云：

　　攜手長亭折枝柳，相逢巴蜀忽相離。

　　風塵有債儒冠累，天地無情仕路歧。

　　逾限非關民社事，去官偏遇聖明時。

　　登樓王粲吟懷苦，萬里歸心托子規。〔註133〕

其三云：

　　孤舟江上一帆風，東望滄溟曉日紅。

　　褫職幾忘科目貴，開懷莫放酒杯空。

〔註130〕見全臺詩編輯小組編撰；施懿琳主編：《全臺詩》第拾冊，頁 45。
〔註131〕見全臺詩編輯小組編撰；施懿琳主編：《全臺詩》第拾冊，頁 46。
〔註132〕見全臺詩編輯小組編撰；施懿琳主編：《全臺詩》第拾冊，頁 45。
〔註133〕見全臺詩編輯小組編撰；施懿琳主編：《全臺詩》第拾冊，頁 45〜46。

> 陶潛歸去遭逢異，潘岳閒居感慨同。
>
> 自笑未能恢壯志，毛生親老在家中。〔註134〕

其四云：

> 空囊難言贖罪愆，浮沈身世總憑天。
>
> 戎游從事回閩日，宦海翻波入蜀年。
>
> 此別親朋留後約，他時山水認前緣。
>
> 梁間燕子營巢穩，佇盼歸鴻破曉煙。〔註135〕

此組詩一出，「感動了蜀人，蜀人憐憫之餘，集腋成裘，供他旅費歸臺，成為一篇佳話」。〔註136〕

　　其一娓娓道出作者「捧檄西來」的轉折心境，詩情鬱結惆悵。詩人提到廿載為功名所作的努力猶「如畫餅」，以「夢不長」、「剩詩囊」、「情難別」和「願未償」等語表達心中的無奈，末聯有「無語問蒼天」之意。其二將己身遭遇歸咎於「天地無情」，並以「非關民社事」和「偏遇聖明時」排解「逾限去官」的缺憾，末聯為全詩主題所在，表達不遇之苦和歸鄉情緒。其三詩情淒切，首聯「孤舟東望」凸顯詩人異地孤獨無依之感；頸聯則用陶潛〈歸去來兮辭〉和潘岳〈閒情賦〉，以抒己志；末聯以自嘲終，言壯志不灰，卻已年邁雙鬢生毛而親老尚在家中，由此反襯仕途未酬之痛。其四謙稱自己「罪愆」難贖而宦海生波，末聯以「巢燕」和「歸鴻」形成強烈對比，縱使不如歸去，得以穩度餘生，作者仍衷心期盼鴻鵠之志可以得到伸展。

　　在返鄉旅資獲得挹注的情形下，江氏對川中友人的酬唱贈別作品，有〈小庭州牧見示詩稿奉贈〉、〈贈蕭如王大令兼呈施謝二同年〉（同科進士）、〈留別春樵楊觀察〉（觀察雲南人）、〈奉贈一六劉司馬〉（丁亥四月司馬餞別）和〈瑟堂謝同年餞別賦贈〉等多首。從詩題觀之，酬贈的對象多是宦場中人。其中，〈小庭州牧見示詩稿奉贈〉並非賦別，而是應酬，詩云：

> 自是聰明絕世姿，胸羅錦繡吐新詞。
>
> 古風近體饒才力，氣韻渾如漢魏時。〔註137〕

盛稱州牧友人資質和文筆，言眾體皆贈，有漢魏風韻。

〔註134〕見全臺詩編輯小組編撰；施懿琳主編：《全臺詩》第拾冊，頁46。

〔註135〕見全臺詩編輯小組編撰；施懿琳主編：《全臺詩》第拾冊，頁46。

〔註136〕見吳濁流：〈江昶榮的遺稿〉，《臺北文物》第四卷第一期，頁66。

〔註137〕見全臺詩編輯小組編撰；施懿琳主編：《全臺詩》第拾冊，頁47。

其〈贈肅如王大令兼呈施謝二同年〉詩云：

　　一捧離觴恨轉深，錦城夜靜鼓聲沈。

　　花枝著雨因風落，槐樹參天匝地陰。

　　乍喜長楊同日賦，那堪折柳異鄉吟。

　　遙知春色年年在，喬木鶯遷聽好音。〔註138〕

本首的贈答對象有三，作者自註為同科進士，王肅如時任知縣，其餘二人分姓施、謝。詩中充滿離情，前兩聯以「離觴」、「夜靜」、「花落」和「槐陰」等字句營造出幽懷冷落的感傷氣氛，使人感慨遙深。後兩聯語氣宕開，以「乍喜」、「春色」、「喬遷」和「好音」等字句贈別，頗有自慰慰人之意，全詩節奏起伏分明。

　　對於賞識自己的知音楊春樵亦有詩，其〈留別春樵楊觀察〉之一云：

　　經濟文章國士風，懸車早已遂初衷。

　　心源繼接程明道，詩卷流傳陸放翁。

　　晨夕天教陪杖履，門牆我願作童蒙。

　　滄桑八十餘年事，仰視浮雲一笑中。〔註139〕

其二云：

　　天涯萍水證前因，問字車停兩度春。

　　小范虜驚秦隴地，文翁民化蜀江濱。

　　欣逢青眼憐才客，得識丹心報國人。

　　几席他年重侍坐，諦觀矍鑠舊精神。〔註140〕

兩詩皆在稱讚楊春樵其人事功。前詩首聯美言楊氏文章經世濟民和仕途順遂退休；頷聯以「程明道」和「陸放翁」比擬楊氏的學養與詩篇；頸聯表達對楊氏的仰慕，希望拜入門下接受教導和提攜；末聯則以「仰視浮雲一笑」推崇楊氏豁達的人生態度。後詩首聯寫兩人萍水相逢和車笠之交；頷聯舉抵禦西夏的范仲淹和蜀郡施行文教的太守文翁為對象，推許楊氏在僻地守邊牧民教化之功；頸聯前半謙稱獲得楊氏青眼垂愛，後半美稱楊氏乃「丹心報國人」；末聯以期待他年重逢作結，並有祝福楊氏老而強健之意。

　　其〈奉贈一六劉司馬〉兩首，其一云：

〔註138〕見全臺詩編輯小組編撰；施懿琳主編：《全臺詩》第拾冊，頁 47。

〔註139〕見全臺詩編輯小組編撰；施懿琳主編：《全臺詩》第拾冊，頁 47。

〔註140〕見全臺詩編輯小組編撰；施懿琳主編：《全臺詩》第拾冊，頁 47。

清和天氣日初長，餞別筵開畫錦堂。

遊子還家非憶膾，故人勸我更飛觴。

卅年烏帽榮鄉國，一領青衫顯宦場。

早晚看君爲太守，聲名並重漢龔黃。〔註141〕

其二云：

此行我不悔風塵，賢吏相逢錦水濱。

諸事腳跟求實地，片言心跡信斯民。

天涯幾度衣冠會，几席今宵笑語親。

同是宦遊誰惜別，多情月照醉歸人。〔註142〕

兩詩內容各有重點，一是對於仕途的失意，一是惜別宦場的友情。前詩首聯以寫景起始，化用歐陽脩〈相州畫錦堂記〉典故，〔註143〕藉此反襯自己落拓回鄉的窘況；頷聯表示還家並非出於思鄉情懷，隱約透露出此行失官的無奈；頸、末兩聯則預祝劉氏仕途得意、更上層樓。後詩起筆云「不悔此行」，並以「今宵笑語」描述餞別情景，末聯轉入抒情，流露出離別時的感慨。

江氏的贈別詩尚有〈瑟堂謝同年餞別賦贈〉六首，全爲七絕，賦別對象皆爲同科進士，所作內容除了答謝諸位同年的送別之外，並表達心中的失望和離情的落寞，茲錄於下。其一云：

交情謝朓最多情，沽酒吟詩送我行。

雨灑黃梅江水漲，順流東去一舟輕。〔註144〕

其二云：

風波海舶誤行期，白簡無情咎莫辭。

唱到渭城三疊曲，一腔離緒只君知。〔註145〕

其三云：

〔註141〕見全臺詩編輯小組編撰；施懿琳主編：《全臺詩》第拾冊，頁48～49。

〔註142〕見全臺詩編輯小組編撰；施懿琳主編：《全臺詩》第拾冊，頁49。

〔註143〕「畫錦」一詞出自《漢書·項籍傳》：「富貴不歸故鄉，如衣錦夜行。」後來將「畫錦」比喻富貴顯達後還鄉。歐陽脩爲韓琦所建畫錦堂撰文〈相州畫錦堂記〉，旨在讚譽韓琦身居顯位，不炫耀富貴，反引爲鑒戒，同時貶斥追求名利富貴，以衣錦還鄉爲榮的庸俗之輩。

〔註144〕見全臺詩編輯小組編撰；施懿琳主編：《全臺詩》第拾冊，頁48。

〔註145〕見全臺詩編輯小組編撰；施懿琳主編：《全臺詩》第拾冊，頁48。

祇爲浮名累此身，天涯落拓遠歸人。

縱然未得邀微祿，菽水能供亦養親。〔註146〕

其四云：

大海茫茫別恨深，鳥飛未倦忽歸林。

遙知此後停雲日，兩地應同對月吟。〔註147〕

其五云：

當年攜手下蓬萊，迂拙原非百里才。

後至果然貽吏議，河陽花待幾時栽。〔註148〕

其六云：

一路垂楊綠蔭鋪，匆匆琴劍出成都。

臨行試問岷江水，許我重來蕩槳無。〔註149〕

其一用「謝朓」烘托與諸友之情深，第三句有淚沾滿襟之象徵。其二以「風波海舶誤行期」敘述逾限原因，並化用王維詩句「渭城朝雨浥輕塵」表示不捨之離情。其三表示雖然仕途失意，亦能菽水盡孝養親。其四重點在「別恨」，只因鳥未倦卻歸林。其五謙稱「原非百里才」，因爲後至遭議而去官。其六以反詰江水作結，末句「許我重來蕩槳無」頗耐人尋味，顯示作者對於重返仕途猶存期待。

三、返臺以後

江氏返回臺灣故里後，服完父喪，心態逐漸歸於平靜。光緒十四年（1888），往遊恆春，賦律二首，以誌此行。其〈到恆春縣作〉云：

懸崖斷澗道途通，匹馬初來小邑中。

近郭有山遮落日，深林無雨起狂風。

家藏港口春茶綠，燈掛洋樓夜火紅。

到此岡巒非盡境，峰迴路轉勢朝東。〔註150〕

其〈登恆春南城樓〉（戊子八月十四日）云：

〔註146〕見全臺詩編輯小組編撰；施懿琳主編：《全臺詩》第拾冊，頁48。
〔註147〕見全臺詩編輯小組編撰；施懿琳主編：《全臺詩》第拾冊，頁48。
〔註148〕見全臺詩編輯小組編撰；施懿琳主編：《全臺詩》第拾冊，頁48。
〔註149〕見全臺詩編輯小組編撰；施懿琳主編：《全臺詩》第拾冊，頁48。
〔註150〕見全臺詩編輯小組編撰；施懿琳主編：《全臺詩》第拾冊，頁49。

城外層巒城上樓，南來有客此勾留。

龍潭水淺田園在，猴洞亭高石徑幽。

撲面涼風疑異候，關心明日是中秋。

披荊斬棘非容易，只望賢能百里侯。〔註151〕

兩詩將恆春地區的自然景觀、氣候、物產和特殊建築表現出來，斯為特色。
前詩頷聯寫入關山落日和落山風，頸聯提到特產港口茶和鵝鑾鼻燈塔；後詩
自註登樓時節為中秋前夕，頷聯提到龍潭秋水和猴洞幽徑，恰為當地八景之
二，頸聯提到涼風撲面和關心明日，實則胸懷民生、痌瘝在抱，隱有為民父
母之氣度。其實，兩詩末聯各有意涵，前詩「到此非盡境」、「峰迴路轉」暗
喻作者人生轉折的歷程，後詩「披荊斬棘」、「賢能百里侯」道出地方經營得
人的期待。兩詩不僅使人看見屏東本地文人的「在地」書寫，同時含有作者
的人文關懷。

江氏晚年燕居故里，對於仕途功名之心轉淡，過著鄉居簡樸的日子，吟
詠內容轉以描述生活瑣事居多，其〈偶成〉即是代表，詩云：

數間茅屋壁微斜，蜀道歸來志不奢。

睡起日長無一事，抱孫閒步過鄰家。〔註152〕

首句描寫自宅屋況，次句透露蜀道歸來後，對於青雲之路已不奢望；詩的後
半以近似白話的口吻敘述家居生活常態，眠覺無事，含飴弄孫，與鄰閒話家
常，儼然平凡村翁，顯示詩人此時心情恬靜悠閒，不再汲汲於宦途。江氏雖
貴為進士，仍自奉甚儉，自述所居乃茅屋數間，並未隨俗構建「晝錦堂」或
「翹脊厝」，當鳳山縣代理知縣高晉翰到訪時，〔註153〕曾因江宅外貌簡陋，不
若一般功名者的宅邸而產生遲疑。其〈村居〉詩云：

〔註151〕見全臺詩編輯小組編撰；施懿琳主編：《全臺詩》第拾冊，頁49。

〔註152〕見全臺詩編輯小組編撰；施懿琳主編：《全臺詩》第拾冊，頁50。

〔註153〕高晉翰（1835～1892），字鳳池，山東海陽人，監生。同治九年（1870），以
從九品分發粵省試用。光緒七年（1881），捐知縣加同知銜，改官閩省，歷辦
海防、釐金及災歉事。十一年（1885），署建陽縣。臺灣巡撫劉銘傳聞其能，
奏調渡臺委充南鹽總局提調兼彰嘉總館，臺省鹽政一新。十三年（1887）十
二月，知恆春縣事，十五年（1889）調署鳳山，十六年（1890）九月，復任
恆春。上述有關高晉翰生平事略，參考自張子文、郭啟傳、林偉洲撰文，國
家圖書館特藏組編輯：《臺灣歷史人物小傳：明清暨日據時期》（臺北市：國
家圖書館，2006），頁404。因此，高晉翰拜訪江昶榮當於光緒十五、十六年
（1889～1890）之間。

村居姓氏有人知，不信蝸居竹當籬。

記得鳳山高邑宰，到門駐馬尚猜疑。〔註154〕

從本詩可知鳳山縣父母官高晉翰曾經拜訪江氏，亦可側知江氏淡泊樸實的性格。此外，其〈病起〉則因心境轉變而呈現出不同的風格，詩云：

捲簾晝永篆煙微，燕子簷前款款飛。

病起不知春幾許，花枝紅紫正芳菲。〔註155〕

本詩描述作者病癒後，捲簾欣賞簷前燕子飛舞和花朵綻放的景象，雖曰「病起」，卻令人感到清新溫婉、生意盎然的氣氛，頗有「花間」情韻，有別於蜀中時期沈鬱悲切的風格。

此外，江氏與丘逢甲有舊，有〈贈丘仙根工部〉兩首。其一云：

海國英才應運生，少年雁塔早題名。

班聯玉筍朝天日，定有新詩頌聖明。〔註156〕

其二云：

頭角崢嶸柳氏兒，七齡識面聽吟詩。

當年小友今才子，工部聲名四海知。〔註157〕

光緒十五年（1889），丘逢甲考中進士，同年五月受工部虞衡司主事，是清代臺灣四位客家進士名氣最著者。〔註158〕從詩題來看，可以推斷兩詩當作於光緒十五年（1889）五月以後。前詩純為祝賀之詞，賀丘氏高中進士，並讚揚功名可期。後詩前半可知，江氏曾在丘逢甲七歲始齔之齡聽其吟詩，當時便知其聰穎異人，將來必為「頭角崢嶸」之輩；詩的後半則以長者口吻言及當年往事，如今丘氏果為才子而名滿天下。

在江氏抱憾回到臺灣之初，當時劉銘傳撫臺，曾替他申辯請求復官，卻遲至光緒二十年（1894）才獲准開復原官，惟此時江氏已逾知命之年，早無「干祿榮親」之心。對此，江氏仍賦〈聞開復原官將有臺北之行賦此〉以表心跡，詩云：

〔註154〕見全臺詩編輯小組編撰；施懿琳主編：《全臺詩》第拾冊，頁50。

〔註155〕見全臺詩編輯小組編撰；施懿琳主編：《全臺詩》第拾冊，頁50。

〔註156〕見全臺詩編輯小組編撰；施懿琳主編：《全臺詩》第拾冊，頁51。

〔註157〕見全臺詩編輯小組編撰；施懿琳主編：《全臺詩》第拾冊，頁51。

〔註158〕清代臺灣四位客家進士，依其考中進士的先後順序，分別是黃驤雲（道光九年，1829年）、張維垣（同治十年，1871年）、江昶榮（光緒九年，1883年）、丘逢甲（光緒十五年，1889年）。

　　欲仕年華五十餘，買臣富貴豈終虛。

　　宰官逾限登彈簡，大帥憐才上薦書。

　　滿路花香新雨後，長亭柳綠暮春初。

　　宦情我本心懷淡，爭奈天民早自居。〔註159〕

首聯用漢代朱買臣五十出仕典故，頷聯寫逾限遭議失官和大吏推薦復官，頸聯寫景，同是折柳離別，今昔心情殊異，從四川東歸的心境是「天地無情仕路歧」，由屏東北上的心境是「滿路花香新雨後」。尾聯明白表示對仕途淡泊，正式為其坎坷的青雲之路劃下句點。

小　結

　　江昶榮擅長七言，略去科考臨場的試帖詩不論，以七律最多（16首），七絕次之（14首），五絕僅二，五律闕如。赴川以前的作品不多，殆因專心準備應考之際，無暇從事吟詠，卻可以從〈癸未科會試旅費無措親朋漠然聊賦七律以見志〉和〈偶然〉得見當時江氏的尷尬處境，體會到其感慨現實與憤懣不平，而〈謁西勢義民祠〉可以看出江氏以六堆子弟為榮，並期許自己能夠承繼客家先民的忠義精神，展現為國效力的志氣。滯蜀時期的作品最多，尤以贈答應酬為大宗，往往以組詩形式表達，直接吐露仕途的無奈和思鄉的情緒，風格沈鬱而悲切，感情真摯而深刻，其〈逾限被議自蜀旋里留別諸同寅〉、〈聞鴉有感〉和〈瑟堂謝同年餞別賦贈〉皆屬此類作品。返臺以後，絕意仕進，心隨境轉，詩風隨之一變，出現〈病起〉、〈村居〉和〈偶成〉等風格清新悠閒的作品，而〈聞開復原官將有臺北之行賦此〉有「買臣富貴豈終虛」之語，使人明白作者一生不遇的缺憾和漫長等待的苦楚，終於得到解脫與釋放。

　　江昶榮的詩歌乃「合為事而作」，必須與其生平遭遇連結起來，如此才能進一步瞭解作品的內涵與意義。總觀而言，江氏的作品平易寫實、情真意切，雖然只有三十餘首，卻真實地記錄其生平的重要事蹟，舉凡赴閩鄉試、考取進士、入蜀任職、逾期免官、羈絆異地及返臺生活等人生階段的境遇與心路歷程的轉折，可謂盡在其中。通讀其作品，正可「以詩證人」。並且，透過江氏筆下，既可見到清代屏東文人的在地書寫，同時亦可見到臺人宦海浮沈的實際面貌。

〔註159〕見全臺詩編輯小組編撰：施懿琳主編：《全臺詩》第拾冊，頁50～51。

　　由於江氏作品多有自註時間，爲便於瞭解其重要生平事蹟和作品分期，於茲整理成「表 5－1」，以供參考。

表 5－1：江昶榮年表和作品分期

紀　　年	年　　齡	事　　蹟	詩　　題	分　　期
道光二十一年（1841）	一歲	出生於中堆竹圍莊（今屏東縣內埔鄉）		
同治九年（1870）	三十歲	赴閩參加鄉試，中舉。	〈賦得山翠萬重當檻出〉（得山字五言八韻）	
同治十年（1871）	三十一歲	第一次赴京參加會試，落榜。		
同治十三年（1874）	三十四歲	第二次赴京參加會試，落榜。		
光緒三年（1877）	三十七歲	第三次赴京參加會試，落榜。		入川以前
光緒七年（1881）	四十一歲	第四次赴京參加會試，落榜。此年丁母憂。		
光緒九年（1883）	四十三歲	第五次赴京參加會試，進士及第。派任四川即用知縣，返臺省親。	〈癸未科會試旅費無措親朋漠然聊賦七律以見志〉、〈偶然〉、〈謁西勢義民祠〉（二首）	
光緒十年（1884）	四十四歲	清法戰爭爆發，赴川受阻。		
光緒十一年（1885）	四十五歲	六月下旬，啟程前往四川。年底，抵達成都任所，因爲逾期過久而遭議罷官。	〈入川舟行過灘〉	滯蜀時期

紀　年	年　齡	事　蹟	詩　題	分　期
光緒十三年（1887）	四十七歲	四月中旬，因感復官無望，準備東歸臺灣。川中友人紛紛餞別宴飲，因作大量贈答酬唱詩。五月，其父過世。六月，返抵臺灣。劉銘傳為其申訴復官。	〈聞鴉有感〉二首、〈讀消寒會詩興懷粵東前輩韻事感賦〉、〈小庭州牧見示詩稿奉贈〉、〈逾限被議自蜀旋里留別諸同寅〉四首、〈肅如王大令兼呈施、謝二同年〉、〈留別春樵楊觀察〉二首、〈奉贈一六劉司馬〉二首、〈瑟堂謝同年餞別賦贈〉六首	滯蜀時期
光緒十四年（1888）	四十八歲	八月中旬，往遊恆春。	〈到恆春縣作〉、〈登恆春南城樓〉	返臺以後
光緒十五、十六年間（1889～1890）	四十九至五十歲	高晉翰來訪，並見過丘逢甲。	〈偶成〉、〈病起〉、〈村居〉、〈贈丘仙根工部〉二首	
光緒二十年（1894）	五十四歲	朝廷准復原官，並欽加五品奉政大夫庶吉士。惟此時已無意仕途。	〈聞開復原官將有臺北之行賦此〉	
光緒二十一年（1895）	五十五歲	清廷割臺，聞訊憂憤不起。四月，與世長辭。		

第六章 清領時期的賦作

　　臺灣賦作始於沈光文，有〈臺灣賦〉、〈東海賦〉、〈檨賦〉和〈桐花芳草賦〉等作品，如今僅見〈臺灣賦〉，彌足珍貴。[註1] 清領以後，臺灣修志之風大盛，由高拱乾纂輯的《臺灣府志》（高志）在其〈藝文志〉分別收錄林謙光和高拱乾的〈臺灣賦〉，[註2] 首開臺灣方志收集賦作之例，兩篇賦作後來被大量沿用於清代臺灣方志，同時開啟清代臺灣賦的創作風氣。許俊雅認為清代臺灣賦發展的背景和原因，包括帝王的提倡獎勵、清初的開疆拓土、經世致用的思潮、邊疆人文史地的蓬勃與方志編纂的蓬勃發展等因素。[註3] 依創作的內容來看，清代的臺灣賦主要可以分成記錄風土形勝與應付科舉考試兩類，清領初期的臺灣賦以形勝賦居多，[註4] 舉凡海洋、島嶼、山川、建築、風土和物產都是此時作品描寫的重點；嘉慶、道光以後，由於臺灣的文教日漸普及，本地士子開始注重科考功名，此時賦作的內容轉向以應付科舉考試

〔註1〕 見蔣毓英：《臺灣府志》（南投市：國史館臺灣文獻館，2002年），頁122。有關沈光文〈臺灣賦〉的內容，可參見龔顯宗編著：《沈光文全集及其研究資料增編（上冊）：紀念沈光文誕辰400年》（臺南市：南市文化局，2012年），頁70～77。

〔註2〕 見高拱乾：《臺灣府志》（南投市：臺灣省文獻委員會，1993年），頁270～275。

〔註3〕 有關清代臺灣賦作發展的背景和原因，可參考許俊雅、吳福助主編：《全臺賦·導論》（臺南市：國家台灣文學館籌備處，2006年），頁6～15。

〔註4〕 臺灣形勝賦是指以描寫臺灣風土、民情、歷史等內容為主的作品，如周澎〈平南賦〉、林謙光〈臺灣賦〉、高拱乾〈臺灣賦〉、王必昌〈臺灣賦〉和〈澎湖賦〉、張從政〈臺山賦〉、陳輝〈臺海賦〉、張湄〈海吼賦〉、李欽文〈赤嵌城賦〉等皆屬此類作品。上述說法係參考自王嘉弘：《清代臺灣賦的發展》（臺中市：私立東海大學中國文學系碩士學位論文，2005年），頁9。

的作品為主。〔註5〕在創作形式上，則以主客問答的古賦和講究文字技巧的律賦最為常見，而以後者數量較多。〔註6〕

清代屏東地區的賦作，目前僅見三篇，分別是鍾天佑的〈庚寅恆春考義塾賦〉、康作銘的〈瑯嶠民番風俗賦〉和屠繼善的〈游瑯嶠賦〉，皆收錄在《恆春縣志》，是為「恆春三賦」。由於《恆春縣志》是清代臺灣成書最晚的方志，故恆春三賦可說是清代臺灣方志最晚出現的一批賦作。其中，鍾賦和康賦見於〈藝文志〉，屠賦則收在〈風俗志〉。本章將以恆春三賦寫作時間的先後，依序論述之。

必須先行說明的是，由於清季恆春地區的百姓有漢人和原住民兩大族群之分，除引用原文之外，為行文敘述清楚起見，仍以「番」代表原住民，以別於漢民，例如提到「朝廷著意教化民番」、「恆春民番性情不同」、「居士提出治民理番的對策」等詞句，皆不具有任何貶義色彩和族群意識型態。

第一節　鍾天佑的〈庚寅恆春考義塾賦〉

鍾天佑，字吉甫，原籍廣東嘉應州人，生平不詳。鍾氏應聘來恆春擔任義塾教師，有恆春八景詩和〈庚寅恆春考義塾賦〉。從本文題目〈庚寅恆春考義塾賦〉和題下自註「以二月十二當堂考課為韻」可知創作時間，蓋「庚寅」乃光緒十六年（1890），日期為同年二月十二日。由於恆春地遠偏僻，師資敦聘不易，因此特別准許童生可以擔任塾師，知縣周有基手訂的七條義塾學規之第一條提到：「延請塾師，無論生童，務擇老成自愛，始可延請。」〔註7〕鍾氏當時便是以童生身份擔任義塾教師。〔註8〕

〔註5〕臺灣科舉賦是指臺灣士子為應付科舉考試所練習的作品，其內容與臺灣風土民情並無關連，而是以傳統科舉制義題目所創作的文章，如施瓊芳〈蔗車賦〉、〈海旁蜃氣象樓臺賦〉、〈燕窩賦〉、〈香珠賦〉、〈山澤通氣賦〉、〈葦蟲賦〉、〈廣學開書院賦〉、〈餞春賦〉，或是曹敬〈業精於勤賦〉、〈柳汁染衣賦〉、〈止子路宿賦〉、〈草色入簾青賦〉、〈嚴子陵釣臺賦〉等皆屬此類作品。上述說法係參考自王嘉弘：《清代臺灣賦的發展》，頁9。

〔註6〕據王嘉弘的整理和統計，清代的臺灣賦共有九十六篇，以古賦和律賦最為常見，尤以律賦為大宗，約佔三分之二左右。上述資料參考自王嘉弘：《清代臺灣賦的發展》，頁104。

〔註7〕見屠繼善：《恆春縣志》（南投市：臺灣省文獻委員會，1993年），頁195。

〔註8〕在《恆春縣志‧學校》有記：「光緒十八年十二月二十八日，知縣陳文緯據合邑童生鍾天佑等稟。」可知鍾天佑於光緒十六年仍為童生。上述引文見屠繼善：《恆春縣志》，頁228。

此文以律賦形式進行書寫，主旨在敘述恆春新闢、草莽未化，強調推行教育工作以導正當地民風乃當務之急。律賦出現於唐代，為當時因應科舉考試需要而使用的文體，最初只有考試的價值，具有一定用韻方式以做為品評判斷高下的標準。晚唐以後，文人開始使用律賦抒懷，從此律賦亦具有抒情寫志的功能，是一種講求對偶聲韻的唯美賦體。〔註9〕清代臺灣律賦用韻的方式可分成兩大類，一類是「以題為韻」，一類為「另立韻腳」。前者以賦題的字為韻腳，後者則是在韻題之外，另立韻字。以賦題的文字為韻和賦作內容並無相關，而另立韻字所示的意義往往與賦題有所關連，藉以透露出命題者所希望呈現的內容與風格，〔註10〕本文屬於此類作品。在本文題下註有「以二月十二當堂考課為韻」，可知本文韻腳為「二月十二當堂考課」等八字，據此可將本文分成八段，而寫作目的在考校義塾教師的文藝水準，含有監督塾師課業之意。

蓋恆春設縣之初，朝廷著意教化民番，諭令「義學不妨多設」，〔註11〕因此本地父母官莫不用心推動教育工作，從《恆春縣志》卷十〈義塾〉所錄歷任知縣往返於上級長官的文移和記載資料達到二十四頁之多，便可見一斑。儘管如此，恆春之風化始終未見起色，主要關鍵在於塾師素質良莠不齊，甚至產生「舞弊多端」的情形。光緒十年（1884），知縣羅建祥認為塾師課業不力，「陽順陰違」、「久而生玩」，導致義塾功能不彰，有浪費公帑之嫌，主張裁撤各處義塾，只留下縣城所設官塾「同善公所」即可，其云：

> 在塾各師，如能認真講求，原足以資矜式；第不免陽順陰違，久而生玩。其間竭盡心力者，固不乏人；而虛應故事，以及包攬詞訟、播弄是非者，亦復不少。……是以時逾十載，費及萬金，絕無造就一人。至間有粗能文藝者，每皆小康之家，延師自課，並非得力於義塾。……卑職半年以來，久擬請裁；緣以春初，業經照案奉行，未便中廢。現則一年屆滿，卑職愚見：擬將卑邑城鄉一十六處義塾，請自明歲始，概行裁撤，撙節經費，留充餉源。惟卑邑新闢未久，風化不開，就地又乏明理紳衿，一旦全將義塾裁撤，未免因陋就簡，致虞偏廢。茲擬訪延品學兼優、足資師表者一人，為官塾師，設帳於城中闔邑公建之同善公所。〔註12〕

〔註9〕 參考自李曰剛：《中國辭賦流變史》（臺北市：國立編譯館，1997年），頁337。
〔註10〕 參考自王嘉弘：《清代臺灣賦的發展》，頁105。
〔註11〕 見屠繼善：《恆春縣志》，頁195。
〔註12〕 見屠繼善：《恆春縣志》，頁198～199。

為矯正恆春義塾師資的弊端，光緒十三年（1887），知縣程邦基「酌定訓蒙功課章程，傳齊各塾師來縣，諭令實力舉行，認真督課」；〔註13〕光緒十四年（1888）四月二十九日，知縣高晉翰要求「塾師必須兼課，按月來署，局門考課，品定甲乙」。〔註14〕凡此種種，後來總纂縣志的屠繼善亦有感而發，其云：

> （塾師）乃日久玩生，有於官給脩伙之外，索取塾童束脩者；有與總理人等串同指名，稟請某生教讀，分肥脩伙者。至於塾童功課，全不顧問。是以設塾垂二十年，而民、番各童，仍無一能文及講貫經書之人。虛糜國帑，誤人子弟，絕無良法以救藥之。〔註15〕

綜上所述，可知因為部分塾師的不肖行徑，致使恆春地區的教化成效不盡理想。於是，當時在高晉翰所訂定的教育考核制度之下，各處塾師必須參加衙署月課，藉此考察功課，提升教學水準。本文乃當時「局門考課」的作品，由於必須「品定甲乙」，不免呈現歌頌聖朝皇恩的文字內容。

本文依韻可分成八段，以下簡述各段大意。首先，作者指出寫作的原因，直接點出「庚寅考課」的用意在「核士」和「掄才」，希望受校塾師能夠闡揚義塾典籍，使恆春民風得到美化。其文云：

> 核士精心，掄才著意；值庚寅考課而來，非庚子拜經以至。申明義塾典章，以美恆春福地；彰後學之詞賦文章，闡前賢之道德仁義。俊乂牢寵，英豪薈萃。揣摩十載，應教脫穎而飛；統會萬殊，尚許及鋒以試。考以言而詢以事，居然國士無雙；崇其實非慕其名，孰是天才寡二？〔註16〕

第二段言恆春乃初闢之地，文明尚待開發，雖然廣招閩粵移民開墾拓荒，惟教育事業仍須努力推展，為了考核師資，擇定二月論文。其文云：

> 原夫恆春之新闢也，駿業恢宏，鴻圖卓越；招徠異域、遐荒，棲止南閩、北粵。然而草昧初開，文明未發。義理之旨，雖識心攻；學問之途，尚期力竭。欲儲才而敦本，何須草率之師？遵取錄以定期，爰卜花生之月。〔註17〕

〔註13〕見屠繼善：《恆春縣志》，頁210～211。
〔註14〕見屠繼善：《恆春縣志》，頁211。
〔註15〕見屠繼善：《恆春縣志》，頁211。
〔註16〕見屠繼善：《恆春縣志》，頁243。
〔註17〕見屠繼善：《恆春縣志》，頁243。

第三段敘眾塾師赴衙署考課，應試者斟酌題目、琢磨字句的情形，認為只要權衡得宜，便可披沙揀金。其文云：

> 於是官廨鋪陳，公堂採拾；眾士攜卷而來，群英秉筆而入。相題布置，奚容潦草完篇？琢句安閒，漫道空疏取襲。或則意思婉曲，若湍水之瀠洄；誰能筆品高超？似峭峯之巍峩。權衡有當，披沙便可求金；藻鑑無私，得五應宜拔十。〔註18〕

第四段述考校完畢，品定等級，塾師應各自盡心教課，有教無類，授課的典籍涵蓋儒、道兩家。其文云：

> 等級昭然，既經明試，各盡爾心，有教無類；紹孔、孟之淵源，衍程、朱之道義。毋或助而或忘，敢于遊而于戲。勉爾小子，勿負殷勤！俾我大儒，無忝洙泗。學到至誠，位育兩亦參三；法茲老子，道源一能生二。〔註19〕

第五段以應試文章優美，不僅足以流傳後世，更能成為家國之光。其文云：

> 捧出瑤草，共羨琳瑯；盡成廊廟之選，堪為邦國之光。比白璧之百雙，人間競美；擬青錢之萬選，翰苑流芳。倘云洗伐功深，問心無容自許；若論魁元雋獲，屈指有誰敢當？〔註20〕

第六段稱讚化育之功，裁成甚眾，從此振作恆春文風，發揮移風易俗作用。其文云：

> 是蓋徵流懿美，吏著循良；造就才高德裕，裁成玉質金相。何莫非栽培得力，化育多方？由是恆春文風丕振，文運恢張；甲第聯綿，蛟騰鯉躍；簪纓濟美，鳳翥鷥翔。則澤干櫓以詩書，聲清樂府；邁甲胄為禮讓，風靜琴堂。〔註21〕

第七段假設義塾教化無功，則陋習難除，仁風莫保，藉此凸顯教育之重要；並認為欲覓得真正的師資，惟甄試一途，別無他法，以此肯定月課之作用。其文云：

> 向使恆城之義塾無聞，恆邑之居民玩好；則五方之陋習難除，千里之仁風莫保。而乃布化宣猷，隆師重道。萃十餘鄉之士，庶義化應

〔註18〕見屠繼善：《恆春縣志》，頁243。
〔註19〕見屠繼善：《恆春縣志》，頁243。
〔註20〕見屠繼善：《恆春縣志》，頁243。
〔註21〕見屠繼善：《恆春縣志》，頁243～244。

珍：豎千萬載之基，圖學文為寶。緬茲嘉士，陶成要本潛修；欲覓
真才，甄別無如清考。〔註22〕

第八段歌頌朝廷德化恩澤，認為恆春教化事業有賴塾師之富學和修身，退則
誠意正心，進則輔佐王業。其文云：

思我聖朝，道學昌明，儒林廣大；摩義漸仁，此倡彼和，克己則一
私不容，讀書而萬卷宜破。念恆德之攸貞，愛春風之滿座，富才端
資富學，業非淺嘗；修德必本修身，功期寡過。約之即誠意正心，
恢之為帝臣王佐。迴憶澄心考校，恍同盛世之書升；咸知大義昭彰，
非等尋常之塾課。〔註23〕

恆春塾師逐月回到縣城進行課考，文末提到「迴憶澄心考校」，可以推知彼時
考校地點當在澄心亭。該亭原為知縣周有基於光緒二年（1876）籌資所建，
位於「城內西門猴洞山頂」，「亭內供至聖先師，文、武二席神牌。山下濬泮
池，建欞星門，環築宮牆，權為文廟。」〔註24〕恆春縣本無貢院之設，以文
廟充作塾師考試場所，允為合宜舉措。

作者刻意求工，行文多用駢句和排比，對偶精切，具有句式變化和對仗
工整的特色，以下分述之。

其一、句式以四言、六言為變化。鍾氏在句式的安排上，以「上四下四」、
「上六下六」、「上四下六」、「上六下四」為主要句型，而以前兩者最多，幾
佔全文內容之半。

句型「上四下四」者，有「核士精心，掄才著意」、「俊乂牢寵，英豪薈
萃」、「駿業恢宏，鴻圖卓越」、「義理之旨，雖識心攻」、「學問之途，尚期力
竭」、「官廨鋪陳，公堂採拾」、「等級昭然，既經明試」、「各盡爾心，有教無
類」、「勉爾小子，勿負殷勤」、「俾我大儒，無忝洙泗」、「捧出瑤草，共羨琳
瑯」、「甲第聯綿，蛟騰鯉躍」、「簪纓濟美，鳳翥鸞翔」、「道學昌明，儒林廣
大」、「摩義漸仁，此倡彼和」。

句型「上六下六」者，有「申明義塾典章，以美恆春福地」、「招徠異域、
遐荒，棲止南閩、北粵」、「欲儲才而敦本，何須草率之師」、「遵取錄以定期，
爰卜花生之月」、「眾士攜卷而來，群英秉筆而入」、「或則意思婉曲，若溜水

〔註22〕見屠繼善：《恆春縣志》，頁244。
〔註23〕見屠繼善：《恆春縣志》，頁244。
〔註24〕見屠繼善：《恆春縣志》，頁71。

－280－

之濚洄」、「誰能筆品高超？似峭峯之巍岌」、「紹孔、孟之淵源，衍程、朱之道義」、「毋或助而或忘，敢于遊而于戲」、「盡成廊廟之選，堪爲邦國之光」、「倘云洗伐功深，問心無容自許」、「若論魁元雋獲，屈指有誰敢當」、「造就才高德裕，裁成玉質金相」、「念恆德之攸貞，愛春風之滿座」、「迴憶澄心考校，恍同盛世之書升」。

句型「上四下六」者，有「揣摩十載，應教脫穎而飛」、「統會萬殊，尙許及鋒以試」、「相題布置，奚容潦草完篇」、「琢句安閒，漫道空疎取襲」、「權衡有當，披沙便可求金」、「藻鑑無私，得五應宜拔十」、「學到至誠，位育兩亦參三」、「法茲老子，道源一能生二」、「緬茲嘉士，陶成要本潛修」、「欲覓眞才，甄別無如清考」。

句型「上六下四」者，有「比白璧之百雙，人間競美」、「擬青錢之萬選，翰苑流芳」、「澤干櫓以詩書，聲清樂府」、「遷甲冑爲禮讓，風靜琴堂」、「富才端資富學，業非淺嘗」、「修德必本修身，功期寡過」。

其二、對仗工整。本文爲月課習作，作者精心雕琢，講求對仗，或上下對，或隔句對，或當句對，不一而足，極盡能事。

上下對仗者，如「核士精心，掄才著意」、「值庚寅考課而來，非庚子拜經以至」、「申明義塾典章，以美恆春福地」、「彰後學之詞賦文章，闡前賢之道德仁義」、「駿業恢宏，鴻圖卓越」、「招徠異域、遐荒，棲止南閩、北粵」、「草昧初開，文明未發」、「官廨鋪陳，公堂採拾」、「眾士攜卷而來，群英秉筆而入」、「紹孔、孟之淵源，衍程、朱之道義」、「盡成廊廟之選，堪爲邦國之光」、「徽流懿美，吏著循良」、「造就才高德裕，裁成玉質金相」、「五方之陋習難除，千里之仁風莫保」、「布化宣猷，隆師重道」、「道學昌明，儒林廣大」、「克己則一私不容，讀書而萬卷宜破」、「念恆德之攸貞，愛春風之滿座」、「約之即誠意正心，恢之爲帝臣王佐」。

隔句對仗者，如「揣摩十載，應教脫穎而飛；統會萬殊，尙許及鋒以試」、「考以言而詢以事，居然國士無雙；崇其實非慕其名，孰是天才寡二」、「義理之旨，雖識心攻；學問之途，尙期力竭」、「相題布置，奚容潦草完篇？琢句安閒，漫道空疎取襲」、「權衡有當，披沙便可求金；藻鑑無私，得五應宜拔十」、「學到至誠，位育兩亦參三；法茲老子，道源一能生二」、「比白璧之百雙，人間競美；擬青錢之萬選，翰苑流芳」、「倘云洗伐功深，問心無容自許；若論魁元雋獲，屈指有誰敢當」、「澤干櫓以詩書，聲清樂府；遷甲冑爲

禮讓，風靜琴堂」、「向使恆城之義塾無聞，恆邑之居民玩好；則五方之陋習難除，千里之仁風莫保」、「萃十餘鄉之士，庶義化應珍；豎千萬載之基，圖學文爲寶」、「緬茲嘉士，陶成要本潛修；欲覓眞才，甄別無如清考」、「富才端資富學，業非淺嘗；修德必本修身，功期寡過」。

當句對仗者，如「考以言而詢以事」、「崇其實非慕其名」、「有教無類」、「蛟騰鯉躍」、「鳳翥鸞翔」、「布化宣猷」、「隆師重道」、「摩義漸仁」、「此倡彼和」。

本文遣詞用字精心雕琢，特別在句型和對仗方面講究，以當時恆春地區所設義塾一十六處推論，〔註 25〕是時受校塾師約有十餘人，僅鍾氏所作選入縣志，可見本文內容受到當局的青睞。文章雖足以稱美，卻對恆春教化工作的推展並無實質效益。

第二節　康作銘的〈瑯嶠民番風俗賦〉

康作銘，字子驥，廣東南澳秀才，生平不詳，僅知到恆春參與縣志編校工作並擔任塾師，有〈游恆春竹枝詞〉十二首，其十二云：「我今託跡恆之湄，課罷閒來寫竹枝」，因此可知。〔註 26〕

本文體裁爲律賦，從題目可知爲記述恆春地區風土的作品，題下註明「以性情言語彼此不同爲韻」，依其韻腳「性情語言彼此不同」可分成八段，以下略述各段大意。

首段指出恆春民番性情不同，民醇而番勁，番人赤身露體，有佩刀習俗，常截殺人命。其文云：

> 臺灣舊都，恆春新詠。民氣本醇，番情偏勁。風沿結社，赤身不重衣冠；俗尚佩刀，薙髮初循政令。雖好生惡死，與斯民實有同心；奈截殺行奸，惟此番偏教異性。〔註27〕

〔註25〕光緒十四年（1888）四月二十九日，知縣高晉翰提出恢復塾師按月到縣城接受月課的考核制度，獲得上司批准，「自此立爲定章。内設專教番童一塾，並派定閩籍九塾，粵籍六塾，逐年照章考校課讀。」可以旁知是時恆春地區義塾共有一十六處，上述引文見屠繼善：《恆春縣志》，頁 211。

〔註26〕知縣陳文緯曾提到：「文緯以採訪屬諸邑人汪千戈春元、邱茂才輔康，以校對屬之南澳康茂才作銘、嘉應州吳子廷光、劉子鑫，而總其成於屠子。」見屠繼善：《恆春縣志·陳序》，頁 6。又，其詩見屠繼善：《恆春縣志》，頁 248。

〔註27〕見屠繼善：《恆春縣志》，頁 245。

次段提及恆春史事，引用藍鼎元的看法，以及後來日人覬覦等事件，佐證本地偏僻和險要，經過開發和教化，民情得到穩固。其文云：

> 當藍鹿洲之作「平臺紀略」也，謂瑯璚遠僻，姦宄縱橫；人皆議割，公獨力爭。蓋帶海襟山，已啓倭奴之窺伺；披榛斬棘，不教土寇之潛生。教化既臻，無虞他族；藩籬可固，得順輿情。〔註28〕

三段敘述恆春設治過程，政治、經濟、教育和防務等諸事俱舉，風氣爲之轉變。其文云：

> 於是光緒初年，奏咨設縣，詔准建垣。修政治，賦田園；創開義塾，陶淑黎元。路札營盤，防禦山番之狙伺；堂開敬信，平反閭里之含冤。繼自今，俗變熙雍，遂臻上理；倘此後，風開鄒魯，夫復何言？〔註29〕

四段寫原住民生活習俗，包括屋舍、飲食、婚嫁、墓穴、衣著和語言等方面。其文云：

> 爾乃屋盡編茅，餐多用黍。歲時以芋酒爲歡，婚嫁以布棉相許。葬如兔窟，最可痛兮幽魂；衣著鹿皮，儘堪詫兮室女。當太史輶軒問俗，堪嗤涅臂雕題；看酋類襲鼓向風，竟是鴃音鳥語。〔註30〕

五段言原住民日常活動，從早晨至午間，自林野到市集，兼及裝扮、耳飾、刺青、檳榔、性格和交易等樣貌，躍然紙上。其文云：

> 至若晨出荒林，午游城市，獉獉狉狉，歡歡喜喜。或珠貫牟尼，或尾簪雄雉，或荷橐持囊，或攜妻挈子。耳環銅鏡，迎面浮青；口滿檳榔，掀唇涅紫。逞強恃悍，呶呶不肯讓人；以有易無，貿貿亦知捉彼。〔註31〕

六段以本地山川勝景入賦。其文云：

> 然而化既革心，恩周浹髓；盛朝無頑梗之苗，聖世有蕩平之軌。況荊草艾除，山川邐迤，攬勝賞鵝鑾之鼻，塔現一鐙；舒懷登猴洞之巔，風清萬里。龍泉秋水，水可滌襟；虎岫高山，山堪顧指。案橫一字，當前已耀文星；峰現三台，他日定多文士。扶輿磅礴，既鐘在茲；淑氣絪縕，誰能遣此？〔註32〕

〔註28〕見屠繼善：《恆春縣志》，頁245。
〔註29〕見屠繼善：《恆春縣志》，頁245。
〔註30〕見屠繼善：《恆春縣志》，頁245。
〔註31〕見屠繼善：《恆春縣志》，頁245。
〔註32〕見屠繼善：《恆春縣志》，頁245～246。

七段述本地聚落景觀。其文云：

> 且也，大柑力花果迷離，加芝來芳菲披拂；鑼鼓頭如聞金玉鏗鏘，
> 網紗埔儼若文章黼黻。鍾靈毓秀，瀛壖之聲教訖於；核實循名，海
> 嶠之風華豈不！〔註33〕

八段是官樣文章，頌揚朝廷恩德，澤及化外之地，以百姓安居、物產豐饒做結。其文云：

> 方今我皇上恩施海外，德泰寰中。癸女丁男，追喝于之舊俗；棘童
> 犵老，盡熙皞之休風。十九年懷保持攜，允卜民康物阜；億萬姓和
> 親康樂，爰微道一風同。〔註34〕

恆春設治於光緒元年（1875），末段有「十九年懷保持攜」，可見本文當作於光緒十九年（1893），茲將本文特色析論於下。

其一、風格類似形勝賦。清領初期，寓臺文人對於臺灣新版圖認知有相當隔閡，對這塊土地亦缺乏認同感，每每以新奇或「俯視」的眼光觀察、記錄、摹寫臺灣的風俗、地景和歷史。因此，康、雍兩朝的臺灣賦作內容大多描寫臺灣地理、風土、物產和名勝，本文風格近於清領初期的臺灣形勝賦。

首先，本文指出漢番民情不同。漢人純樸，番人強悍，即使同具好生惡死之心，惟番人嗜殺成性，是為「偏教異性」之處。其次提到歷史沿革，先引藍鼎元的看法，謂「瑯嶠遠僻，姦宄縱橫」。蓋康熙末年，藍氏隨軍來臺平定朱一貴事件，事後將平亂經過和善後處理之狀況撰成《平臺紀略》，冀望能夠「鑒前車，綢未雨，施經綸，措康乂，有治安之責者，諒早留心。」〔註35〕藍氏認為「鳳山南路一營，以四五百里山海奧區，民番錯雜之所，下淡水、郎嬌盜賊出沒之地，而委以一營八百九十名之兵，固已難矣」，〔註36〕建議在恆春半島加派兵力，「郎嬌極南僻遠，為逸盜竄伏之區，亦設千總一員，兵三百，駐箚其地。」〔註37〕藍氏為消弭朝廷對臺灣「遷民墟地」之說，復舉明初江夏侯周德興棄守澎湖、南澳之前例，使「其後皆為賊窟，閩廣罷敝。及設兵戍守，迄今皆為重鎮」，〔註38〕故云「人皆議割，公獨力爭」。後來日人

〔註33〕見屠繼善：《恆春縣志》，頁246。
〔註34〕見屠繼善：《恆春縣志》，頁246。
〔註35〕見藍鼎元：《平臺紀略·自序》（南投市：臺灣省文獻委員會，1997年），頁3。
〔註36〕見藍鼎元：《平臺紀略》，頁30。
〔註37〕見藍鼎元：《平臺紀略》，頁31。
〔註38〕見藍鼎元：《平臺紀略》，頁31。

藉牡丹社事件尋釁，開啓戰端，恆春半島重新受到清廷關注，在沈葆楨的建議下，終得闢地設官，於焉開啓「恆春新詠」。恆春建治後，築城垣、修政治、賦田園、開義塾、設營盤，奠定經營基礎。

　　接著，描寫番人風俗，如「屋盡編茅」、「餐多用黍」、「芋酒爲歡」、「布棉相許」、「葬如兔窟」、「衣著鹿皮」、「涅臂雕題」、「鴃音鳥語」等句，可知當時恆春原住民以茅草構屋，多食黍類，喜飲芋酒，以棉布爲聘，屈肢穴葬，以鹿皮爲衣，手臂和額頭刺青，語言詰屈難懂。再者，描述番人形象，如「猱猱狂狂」、「歡歡喜喜」、「珠貫车尼」、「尾簪雄雉」、「荷橐持囊」、「攜妻挈子」、「耳環銅鏡」、「迎面浮青」、「口滿檳榔」、「掀唇涅紫」等句，皆是相當寫實的取樣描述，勾勒當時恆春原住民的裝扮和活動樣貌，卻將原住民歡歡喜喜集體出遊的日常生活眾相，視爲「猱猱狂狂」，比擬成獸類蠢蠢群動，寓有強烈貶義，而「逞強恃悍，呶呶不肯讓人」，則有意凸顯原住民野蠻強悍的性情。

　　此外，作者將恆春地景和番社名稱寫入，爲本文特出之處。在地景方面，如「攬勝賞鵝鑾之鼻，塔現一鐙」、「舒懷登猴洞之巓，風清萬里」、「龍泉秋水」、「虎岫高山」、「案橫一字」和「峰現三台」，分指鵝鑾鼻燈塔、猴洞山、龍泉水、虎頭山、西屏山和三台山等地。〔註39〕在此之前，梁燕和鍾天佑曾先後以詩題「恆春八景」，鵝鑾鼻燈塔、猴洞山、虎頭山和三台山，名列其中。文中所提「大柑力」和「加芝來」爲番社名稱，「鑼鼓頭」和「網紗埔」是漢人墾地，〔註40〕而將番社名稱寫入賦作，則首見於清代臺灣賦。

〔註39〕本文提到「龍泉秋水，水可滌襟」，其所在地應爲龍泉水，此泉「在縣南一十二里，亦名靈山水。先是，其地一片荒蕪，白晝陰翳。或云多鬼魅，人不敢至。會天旱，各處溪潭悉竭。一日見犬一夥從林垌出，身首皆濡；眾異之，遂尋踪砍樹通道，得泉一窟，晶漾愛人，味清冽。由是，咸爭汲之，利用厚生，於今爲烈。」上述引文見屠繼善：《恆春縣志》，頁 258。「虎岫高山」，虎頭山又名虎岫；「案橫一字」，所指爲西屏山，此山「在縣城西南五里；正居縣前，如一字平案。……高均一、二里，其平如砥。」上述資料分見屠繼善：《恆春縣志》，頁 251、252。

〔註40〕大柑力社和加芝來社被歸類爲瑯嶠上十八社，前者又記音爲「大干仔笠社」，兩社名稱可見屠繼善：《恆春縣志》，頁 310。鑼鼓頭爲羅鼓潭，「在縣城東十八里，與文率埤同源。陰八姑角、新厝莊兩處田約千畝。」光緒二十年（1894），兩莊百姓爭水纏訟，知縣陳文緯實地履勘，親自仲裁灌溉糾紛，此事可見屠繼善：《恆春縣志》，頁 272。網紗埔即網紗莊，屬宣化里，爲縣城附近村莊，其莊名可見屠繼善：《恆春縣志》，頁 12。

其二、句式多變。本文句式雖然多變，惟仍有脈絡可追，要以四言爲主，七言輔之，有別於鍾賦以四言、六言爲主，其句型組合有「上四下四」、「上四下六」、「上四下七」和「上七下四」等數種變化，而以「上四下四」尤多，復有三言、五言、六言、七言和九言等互相組合，排列不一，句型變化多樣，尤勝鍾賦一籌。

句型「上四下四」者，有「臺灣舊都，恆春新詠」、「民氣本醇，番情偏勁」、「瑯嶠遠僻，姦宄縱橫」、「人皆議割，公獨力爭」、「教化既臻，無虞他族」、「藩籬可固，得順輿情」、「奏咨設縣，詔准建垣」、「創開義塾，陶淑黎元」、「屋盡編茅，餐多用黍」、「晨出荒林，午游城市」、「獉獉狂狂，歡歡喜喜」、「耳環銅鏡，迎面浮青」、「口滿檳榔，掀唇涅紫」、「化既革心，恩周浹髓」、「荊草芟除，山川邐迤」、「龍泉秋水，水可滌襟」、「虎岫高山，山堪顧指」、「扶輿磅礴，既鍾在茲」、「淑氣絪縕，誰能遣此」、「恩施海外，德泰寰中」。箇中詞句兼用修辭技巧，如「獉獉狂狂，歡歡喜喜」運用類疊技巧；「龍泉秋水，水可滌襟」和「虎岫高山，山堪顧指」運用頂眞技巧。

句型「上四下六」者，有「風沿結社，赤身不重衣冠」、「俗尚佩刀，薙髮初循政令」、「葬如兔窟，最可痛兮幽魂」、「衣著鹿皮，儘堪詫兮室女」、「逞強恃悍，呶呶不肯讓人」、「以有易無，貿貿亦知挹彼」、「案橫一字，當前已耀文星」、「峰現三台，他日定多文士」、「癸女丁男，追喁于之舊俗」、「棘童犵老，盡熙皞之休風」。

句型「上四下七」者，有「帶海襟山，已啓倭奴之窺伺」、「披榛斬棘，不教土寇之潛生」、「路札營盤，防禦山番之狙伺」、「堂開敬信，平反閭里之含冤」、「鍾靈毓秀，瀛壖之聲教訖於」、「核實循名，海嶠之風華豈不」。

句型「上七下四」者，有「攬勝賞鵝鑾之鼻，塔現一鐙」、「舒懷登猴洞之巔，風清萬里」。

句型「上五下七」者，有「雖好生惡死，與斯民實有同心」、「奈截殺行奸，惟此番偏教異性」。

句型「上七下六」者，有「當太史軺軒問俗，堪嗤涅臂雕題」、「看酋類鼉鼓向風，竟是鴃音鳥語」、「十九年懷保持攜，允卜民康物阜」、「億萬姓和親康樂，爰徵道一風同」。

句型「上七下七」者，有「歲時以芋酒爲歡，婚嫁以布棉相許」、「盛朝無頑梗之苗，聖世有蕩平之軌」、「大柑力花果迷離，加芝來芳菲披拂」。

其餘尚有句型「上三下三」者，如「修政治，賦田園」；句型「上九下九」者，如「鑼鼓頭如聞金玉鏗鏘，網紗埔儼若文章黼黻」。

其三、講究對仗。本文既為律賦，對仗必然求工，其種類有隔句對、上下對、當句對和鼎足對，而以隔句對為大宗，上下對居次。

隔句對仗者，如「風沿結社，赤身不重衣冠；俗尚佩刀，薙髮初循政令」、「雖好生惡死，與斯民實有同心；奈截殺行奸，惟此番偏教異性」、「帶海襟山，已啓倭奴之窺伺；披榛斬棘，不教土寇之潛生」、「教化既臻，無虞他族；藩籬可固，得順輿情」、「路札營盤，防禦山番之狙伺；堂開敬信，平反閭里之含冤」、「當太史輶軒問俗，堪嗤涅臂雕題；看酋類鼟鼓向風，竟是鴃音鳥語」、「或珠貫车尼，或尾簪雄雉，或荷橐持囊，或攜妻挈子」、「耳環銅鏡，迎面浮青；口滿檳榔，掀唇涅紫」、「逞強恃悍，呶呶不肯讓人；以有易無，貿貿亦知挹彼」、「攬勝賞鵝鑾之鼻，塔現一鐙；舒懷登猴洞之巔，風清萬里」、「龍泉秋水，水可滌襟；虎岫高山，山堪顧指」、「案橫一字，當前已耀文星；峰現三台，他日定多文士」、「扶輿磅礴，既鑒在茲；淑氣絪縕，誰能遣此」、「鍾靈毓秀，瀛壖之聲教訖於；核實循名，海嶠之風華豈不」、「癸女丁男，追喁于之舊俗；棘童犵老，盡熙皥之休風」、「十九年懷保持攜，允卜民康物阜；億萬姓和親康樂，爰徵道一風同」。

上下對仗者，如「臺灣舊都，恆春新詠」、「民氣本醇，番情偏勁」、「人皆議割，公獨力爭」、「奏咨設縣，詔准建垣」、「修政治，賦田園」、「創開義塾，陶淑黎元」、「屋盡編茅，餐多用黍」、「歲時以芋酒為歡，婚嫁以布棉相許」、「晨出荒林，午游城市」、「獉獉狂狂，歡歡喜喜」、「化既革心，恩周浹髓」、「盛朝無頑梗之苗，聖世有蕩平之軌」、「荊草芟除，山川邐迤」、「大柑力花果迷離，加芝來芳菲披拂」、「鑼鼓頭如聞金玉鏗鏘，網紗埔儼若文章黼黻」。

當句對仗者，有「獉獉狂狂」、「歡歡喜喜」、「逞強恃悍」、「鍾靈毓秀」、「核實循名」、「癸女丁男」、「棘童犵老」；鼎足對仗者，有「繼自今，俗變熙雍，遂臻上理；倘此後，風開鄒魯，夫復何言」。

本文雖名〈瑯嶠民番風俗賦〉，旨在表達恆春民番性情語言彼此不同，惟觀其內容涉及歷史沿革、風土民情、番人習俗和山川名勝，可以通視清末恆春地區概況，將其視為恆春形勝賦，殆無不可。

第三節　屠繼善的〈游瑯嶠賦〉

　　屠繼善，字芝君，其生平資料不多，知縣陳文緯提到：「屠子繼善，浙江會稽明經，佐豫章貳尹，以司鳩來恆，兼志役。」〔註41〕可知屠氏為浙江會稽秀才，曾佐幕於江西豫章地區。光緒十八年（1892），受陳文緯禮聘來恆春教學，同時主持修志工作。光緒二十年（1894），縣志大抵完稿，卻獨缺〈風俗志〉，遂「以賦代志」，因有〈游瑯嶠賦〉。賦末短文交代撰寫原因，頗有跋意，其文云：

> 瑯嶠一賦，原係操觚者不得已之作。蓋自開辦以來，民、番風俗情形，屢請採訪，不啻穎脫唇焦。及諸誌皆已脫薰，獨此竟無隻字。又蒙總局憲迭札嚴催，冀欲早日呈送，故不揣譾陋作以備體。賦成，乃有謂應置之「藝文志」中，不應即以分門。然宋王十朋以會稽風俗為賦、明李寒支志寧化風俗、山川、疆界等，分賦為志，皆為海內著名之書，見重士林。恆係海外，豈不可以海內例耶？抑東施雖醜，不准其效顰耶？今則剋期告成，勢不逮已。所望後之君子續志其備，將此作芟而去之，無穢全書；是為遠禱。〔註42〕

從上述可知，本賦乃「不得已之作」。屠氏編纂縣志之際，屢請採訪恆春風土，當諸志皆已完稿，而風俗志「竟無隻字」，又迫於臺灣纂修通志總局催稿的期限將屆，〔註43〕只能率爾操觚，以完備志書體例。賦作既成，或謂應置於〈藝文志〉，不應以此分門。然而，屠氏以為前例可循，特別指出宋代王十朋《會稽縣志》曾以風俗為賦，明代李寒支《寧化縣志》中的風俗、山川和疆界等志，都以賦為內容，兩者「皆為海內名書」，藉此說明所為並非創舉。此外，因為縣志完稿於光緒二十年（1894），可以推知本賦亦當完成於此年。

　　本文藉由「嘯雲居士」和「主人」兩個虛構人物的對話，敘述恆春沿革、風土民情和治民理番之道，茲將全文大意分段簡述於下。

　　首段是序言，其文云：

〔註41〕見屠繼善：《恆春縣志・陳序》，頁 6。

〔註42〕見屠繼善：《恆春縣志》，頁 137。

〔註43〕光緒二十年（1894）底，臺灣纂修通志總局曾飭令所屬各局「著於札到之日，立將何時採訪完竣，先行稟覆，一面迅將未完採訪各條，查造齊全，星飛遞送，不得再行挨延，致干未便。懍之，慎之。切速，特札。光緒二十年十一月二十三日札。」見盧德嘉：《鳳山採訪冊・採訪案由》（南投市：臺灣省文獻委員會，1993 年），頁 24。

嘯雲居士，爲若耶人；衣食名法，游於恆春。主人捧檄，纂縣志書；
延攬楮墨，物色於余。謂：「瑯嶠甫闢，志載無多；罄公費之百兩，
願先生其始終如何」？余乃逡循躊躇，自揣菲菲。意載乘之操觚，
何敢率爾而冒不韙？況文獻之無徵，一謬誤而貽公誹！公曰：「無
多」，實則吾豈！主人再三致意，以爲地僻蠻疆，人鮮握管；幸弗以
束帛之戔戔，竟慳乎其修纂。余復翻然思，瞿然起。謂：「余雖不敏，
何敢語是！本才、識、學三者之胥無，故不敢貿貿而伸紙。乃嘉會
之難逢，姑承命而任使」。〔註44〕

作者以「嘯雲居士，爲若耶人；衣食名法，游於恆春」開端，繼言「主人捧
檄，纂縣志書；延攬楮墨，物色於余」，可知主人乃知縣陳文緯，而嘯雲居士
即本文作者屠繼善。主人謂瑯嶠初闢，方志記載不多，遂以公費百兩聘請嘯
雲居士編修縣志。經過嘯雲居士謙辭推讓，主人再三請託致意，終於答應編
修志書，「姑承命而任使」。

次段藉由主人和居士的問答，巧妙地敘述恆春設縣的原因，其文云：

於是主人欣然而請曰：「吾觀恆春之設縣也，析自鳳山，既偏且頗；
地不列赤縣之等，賦不居膏沃之科；碧海茫茫，高山莪莪；人民稀
少，商旅蹉跎。置之甌脫，亦無如何！今乃糧餉焉、津貼焉，歲必
十萬金，奚不惜此糜費之多？」居士曰：「唯唯否否，子亦知夫設縣
之初意乎？向者大田勢落，遁匿車城；龜角梗化，嘯聚狰獰。爲奸
宄之淵藪，屢撻伐以用兵。逮乎牡丹肇釁，日人鼎烹；突起尋仇之
甲，陰存覬覦之情。致虔劉於番社，乃風鶴之多驚。於是建雉堞、
設屯營，聲嚴習斗，望煥旂旌；絕外人之窺伺，作屏翰於東瀛。豈
必計臣之言利，斤斤於出入而操筭寄贏？」〔註45〕

主人認爲恆春地理條件不佳，「地不列赤緊之等，賦不居膏沃之科；碧海茫茫，
高山莪莪；人民稀少，商旅蹉跎」，即使棄之不理，亦無不可，況且在此設治，
所需經費「歲必十萬金」。居士提到恆春設縣之前的數起動亂，「向者大田勢
落，遁匿車城；龜角梗化，嘯聚狰獰」，「牡丹肇釁，日人鼎烹；突起尋仇之
甲，陰存覬覦之情」，前者指的是乾隆年間林爽文事件的殘黨莊大田逃入瑯嶠
地區，以及同治年間龜仔角社排灣族原住民屢屢對於誤入其領域海岸的外國

〔註44〕見屠繼善：《恆春縣志》，頁135。
〔註45〕見屠繼善：《恆春縣志》，頁135～136。

船隻予以襲擊；〔註46〕後者所指乃同治末年的牡丹社事件。對此，知縣陳文緯亦簡略交代此數起事件的經過，其云：

> 乾隆間，林爽文之黨莊大田敗匿其地，福康安公追殲之。同治初，龜仔角番滋事，臺澎總鎮劉明燈軍門督師勦平之。……同治季年，牡丹社生番殺被風琉球島民五十四人，逃生十二人。次年，又劫備中州佐藤利八等四人，傷而未殞；官交領事，資遣回國。日人藉以生心，假名勦番，覬我土地。有陸軍中將西鄉率兵至，登岸築塞，將以用武。……此與鳳山析治之緣起也。〔註47〕

因此，恆春終於設官築城，以「絕外人之窺伺，作屏翰於東瀛」。

接著，敘述恆春的風土民情。其文云：

> 主人曰：「是則然矣；請言風俗。風繫乎水土，俗隨乎情欲。其民也，非粵則閩，性情敦篤；村落零星，牛車陸續；不事詩書，徒知畚挶。合癸女與男，皆辮髮而跣足；哂健婦之負重，若戴鰲而蹢躅。祭祀則有清明、普度之儀，冠昏則惟酒、布、檳榔之屬。雖克儉，須文教之相勗。其番也，或平埔與高山，路灣灣而曲曲。袒裼成群，不知恥辱。女不紡織，男不菽粟；崇飾姑而崩厥角，剜獸皮而為衫褲。竹圈撐耳，居然草澤之雄；雉尾盈頭，輝映洞房之燭。項貫珠紅，頂彌草綠。醢脯鹿豕，酩酊醹釀。病不就醫，惟神是告；葬不以棺，惟土是劚。雖雉髮而隸版圖，猶未知正朔之典錄。然而喁喁于于，無金刀之螫慾；若不逞忿以殺人，洵足比隆於軒、項。」〔註48〕

本段先言漢人社會生態，「其民也，非粵則閩，性情敦篤；村落零星，牛車陸

〔註46〕見施添福總編纂，臺灣省文獻委員會採集組編輯：《臺灣地名辭書‧卷四‧屏東縣》（南投市：臺灣省文獻委員會，2001 年），頁 202。又，「據採訪錄：同治初年，有外國番船一隻，遭風飄至鵝鑾一帶，被龜仔角番戕殺多命。內有番女一名，其上下牙齒，不分顆數，各連一排。龜仔角番見而異之，懸首示人。嗣該船逃回本國，興師復仇，至鵝鑾鼻、大坂埒一帶，荊棘滿山，四無人踪。一日，聞雞鳴聲，遂發兵通道，尋聲而進。得龜仔角社，戕番人，無噍類。走脫孕婦一人，延續至今，亦僅三、四十番。故社中，禁不畜雞。相傳被殺番女，為該國公主云云。按：此事尚在未設縣以前，核與軍門碑文年分相符。及考其外國，究係何國？是否究係一事？均莫能確指也。意惟鎮道署中，必有檔案可稽。恆邑志事，類多於斯，秉筆者可若何？」上述記載請見屠繼善：《恆春縣志》，頁 234～235。

〔註47〕見屠繼善：《恆春縣志‧陳序》，頁 5。

〔註48〕見屠繼善：《恆春縣志》，頁 136。

續；不事詩書，徒知畜拐。」清代漢人渡海來臺者，以閩、粵兩籍為主，恆春漢人結構亦然，「非粵即閩」，猶是農業社會生活型態，以牛車為主要交通工具。本地漢人男女皆辮髮赤足，女性體健能頂戴重物，以分擔家務，不似中國內地女性體弱且有纏足的習俗。歲時祭祀有清明和普渡，冠禮和婚禮則以酒、布、檳榔為禮品。民風雖儉樸，文教卻不彰。

次述原住民社會生態，有平埔族和高山族，皆「袒裸成群」，「女不紡織，男不菽粟」，「竹圈撐耳」，「雉尾盈頭」，「項貫珠紅」，可知生活型態和服飾裝扮異於漢人。又言飲食習慣和生活習俗，食鹿、豬肉乾，亦喜飲酒，病則求神勿藥，歿則掘土而葬。總之，雖然入清統治，不知中國正朔，民情純樸無欲，生活自給自足，如不逞兇殺人，可比上古之民。

最後，居士提出治民理番的對策。其文云：

居士曰：「衣食足而後知禮義，稂莠去而後有良苗；是在長民者之教養兼施，無畏乎艱苦而心焦。吾見夫前山、後山之荒蕪，尚未命薙氏以焚燒；高田、低田之水利，尚未能井然而有條。導以樹藝，戶不懸桴；崇以禮讓，音自格鴉。化海濱為鄒魯，止殘殺於獷猇。子盍效法乎古人，將乘楯而乘橇？」主人曰：「偉乎哉，子之論也！請再言情形。夫以陸行之難也，崎嶇礧砢，防番人秋水之硎；舟行之險也，靸雪驚捷，駭孟婆倏歘之腥。梯山而翼無從插，航海而櫂不可停；招徠是汲，咸裹足而難行。是以污萊滿目，廬舍飄零。」居士曰：「是所以有文、武之分職也，務協恭而和衷。防番，則碉堡屯營，必朝巡而暮緝；撫番，則寒衣月餉，自恩洽而情通。斯良法與美意，勿漠視而朦朦。嚴海口之巡邏，絕漢奸軍械之接濟；稽柴寮之租稅，禁刁民酒食之飄空。毋弱肉而強食，何彼此之交訌？況復天心眷顧，地脈和沖。冬不寒沍，草木蓬蓬；夏不酷暑，黍苗芃芃。名曰『恆春』，義妙化工。惟颶風之肆虐，乃簸岳而震崧；復落山之貽害，獨叫嘷此百里之中。俾萬卉之不育，致里閈之困窮；屢成災而不稔，民蕩析而西東。若杭飆於海上，亦恃乎朦艟；付死生於駭浪，幸不伍於鮦。風彈雨箭，莫不怨恫。惟修德以回天，乃反為甘雨而和風。」主人曰：「敬聞命矣，敢不黽勉以從公。庶幾皇天眷佑，俾吾民時和而年豐！」〔註49〕

〔註49〕見屠繼善：《恆春縣志》，頁136～137。

首先是治民，主張「衣食足而後知禮義」，顯然是儒家「先富後教」的思想。其法在「導以樹藝」、「崇以禮讓」，教民以農，化民以德，使百姓「戶不懸枹」、「音自格鴞」，期能「化海濱爲鄒魯，止殘殺於獷猺」。

其次是理番，主張「防番」和「撫番」，雙管齊下。其法在「碉堡屯營，必朝巡而暮緝」、「寒衣月餉，自恩洽而情通」，前者威之以武，後者施之以恩，剛柔並濟。同時，嚴禁不肖漢人侵擾，「嚴海口之巡邏，絕漢奸軍械之接濟；稽柴寮之租稅，禁刁民酒食之飄空」，避免「弱肉強食」而激起番亂。

末言氣候，「冬不寒沍，草木蓬蓬；夏不酷暑，黍苗芃芃」，是謂「恆春」，因以爲地名。即使如此，「惟颶風之肆虐」、「復落山之貽害」，使得「萬卉之不育」、「成災而不稔」，要求牧民者修德感天，可以風調雨順，「反爲甘雨而和風」，雖具天人感應色彩，其意乃在警惕官箴。

作者謙稱本文乃不得已而爲之，實則仍有其可觀之處。在形式上，採漢賦問答體，句型以四言爲主，雜以六言、七言等，韻散相間。以下茲就其特色加以論述。

其一、親身踏查履勘。屠氏雖應聘來恆春課塾修志，其足跡遍歷本地，筆下所言風土民情都是經過實地考察的結果，而非閉門造車之作，從本文內容便可得到印證。如族群方面，屠氏明確指出當地有閩、粵、平埔和高山等族群，胡澂亦言本地漢人「一半漳泉一半潮」（〈恆春竹枝詞〉八首其一）。在鄉間景色，見到「村落零星，牛車陸續」，從康作銘所言「村南村北盡牛車」（〈游恆春竹枝詞〉其五）可得旁證。居民「性情敦篤」、「不事詩書，徒知畚捔」，若非親歷其間，無從感受此地「雖克儉，須文教之相勗」的事實，尤其是極易引發原漢衝突的「山租」一事，作者警示長民者必須時常「稽柴寮之租稅」，否則「淺目拖延番禍招」（屠繼善〈恆春竹枝詞〉十首之五），並且嚴禁當地不肖漢人欺壓原住民，產生「弱肉而強食」的情形，致使「彼此之交訌」，類此糾葛情事只有當事者才能瞭解箇中原由。此外，有關原住民的生活細節，以獸皮爲衣被，竹圈貫穿耳垂，娶妻頭插雉尾，頸掛紅珠，食肉飲酒，乞神治病和不以棺葬等風俗文化，如未親自訪視，僅憑口碑傳聞，斷無如此客觀描述。

其二、對仗工整自然。本文雖不刻意強調對仗，但精工天成者不少，如：「地不列赤緊之等，賦不居膏沃之科」、「崇餉姑而崩厥角，剟獸皮而爲衫褲」、「項貫珠紅，頂彌草綠」、「衣食足而禮義成，稂莠去而後有良苗」、「化海濱

爲鄒魯，止殘殺於獌猺」、「梯山而翼無從插，航海而榷不可停」爲上下對；「竹
圈撐耳，居然草澤之雄；雉尾盈頭，輝映洞房之燭」、「病不就醫，惟神是告；
葬不以棺，惟土是劗」、「前山、後山之荒蕪，尙未命薙氏以焚燒；高田、低
田之水利，尙未能井然而有條」、「導以樹藝，戶不懸桴；崇以禮讓，音自格
鴞」、「冬不寒沍，草木蓬蓬；夏不酷暑，黍苗芃芃」爲隔句對；「陸行之難也，
崎嶇礧砢，防番人秋水之硎；舟行之險也，靫雪驚捷，駭孟婆倏欻之腥。」
則爲鼎足對。

　　其三、使用古僻字詞。屠氏運用許多古字和僻字，如：若耶、戔戔、赤
緊、操竿寄嬴、畲捐、戴鰲、餉姑、厥角、醲醁、劗、喁喁于于、稂、薙氏、
獌猺、礧砢、靫雪驚捷、倏欻、崧、咢、里閈、杭驪、艛艟等字詞，形成古
奧冷僻的漢代大賦風格。

　　總之，本篇雖然描寫清末的恆春風土民情，亦能提出治理民番的對策，
已非只是單純的文學作品，尙且具有歷史文獻的意義和施政參考的資料，斯
爲可貴之處。

小　結

　　細究恆春三賦創作的原因，除了鍾賦係爲教育考核目的所作，含有上級
長官監督塾師功課水準的「實用」功能之外，據許俊雅所歸納清代臺灣賦創
作的因素，可以發現清代臺灣賦的作者群，往往也是各地方志的編纂者。由
於屠繼善和康作銘兩人曾參與《恆春縣志》的編輯工作，得以將賦作收錄於
所編志書，兩文明顯具有豐富方志和敷陳風土的創作目的，此種創作目的和
依附現象是清代臺灣賦的特色之一，屠賦可謂箇中代表。因此，屠賦和康賦
明顯是在當時編纂恆春方志的背景之下，應運而生的作品。並且，三賦的作
者皆是中國來臺的塾師，屠氏爲浙江人士，鍾、康二人同爲粵籍，沒有見到
本地文人的創作，可以據此推估清季恆春地區尙未出現具有書寫賦作能力的
在地士子。

　　在寫作技巧方面，由於鍾賦和康賦皆是律賦體裁，特別講究寫作技巧，
同是「另立韻字」的題型，句型和對仗的表現尤其突出，而屠賦模仿漢賦主
客問答方式，行文駢散並用，並未刻意追求字句，對仗卻渾然天成。

　　從作品內容來看，鍾賦重點在敘述恆春的教育工作，康賦則是記錄恆春
原住民的風俗，而屠賦總論恆春的概況。鍾賦指出恆春教育草創的情形，自

設縣開辦義塾以來，教育成果始終不彰，認為塾師水準不佳是主要原因，故云「緬茲嘉士，陶成要本潛修；欲覓真才，甄別無如清考」。康賦和屠賦皆敘番人風俗，卻同中有異，如寫番人耳飾，康文「耳環銅鏡」，屠文「竹圈撐耳」；寫番人婚俗，康文著眼於聘物，「以布棉相許」，屠文著墨於裝扮，「雉尾盈頭，輝映洞房之燭；項貫珠紅，頂彌草綠」；兩賦俱以嗜殺形象表示番性凶悍，〔註50〕康文從正面直言「奈截殺行奸，惟此番偏教異性」，屠文從反面設想「若不逞欲以殺人，洵足以比隆於軒、頊」。此外，康氏更進一步描述多項番俗特徵，如住所「屋盡編茅」、食物「餐多用黍」、飲酒「芉酒為歡」、身後「葬如兔窟」、穿著「衣著鹿皮」、刺青「迎面浮青」和「涅臂雕題」、語言「鴃音鳥語」、墨齒「掀唇涅齒」、買賣「以有易無」等詞句，要比屠文具體而詳盡，而將恆春形勝、地名和番社寫入作品，尤為康賦最大特色。

　　然而，屠賦超越鍾、康兩賦之處，在於能夠針對恆春民番問題提出治理之道，具有政治實務的參考價值，如治民之道在先富後教，「衣食足而後知禮義」、「導以樹藝」、「崇以禮讓」；理番之法在剛柔兼用，「防番，則碉堡屯營，必朝巡而暮緝；撫番，則寒衣月餉，自恩洽而情通。」屠氏佐幕才幹可見一斑。

　　總的來說，恆春三賦各有擅場，分別談及教育工作、歷史沿革、風土民情、番人風俗、地理形勝和施政策略等面向，仔細解讀作品本身所呈現的徵實內容，不僅具有文學價值，更可視為清代恆春文獻資料的延伸。三賦互相參見，恰可以補官方志書之不足，使人得以全面瞭解清季恆春地區的風貌，此為恆春三賦的價值與功能。

〔註50〕清代恆春生番性情凶悍，漢人開墾本地之際，原漢族群屢生齟齬，時相攻殺，造成傷亡。因此，在《恆春縣志》卷十九特別錄有〈兇番〉一節，記載原住民多起「嗜殺」的事蹟，其文有云：「案生番『出草』殺人，昔年以首級暴示番眾，自命好漢；眾番亦舉酒稱賀，群相跳躍，歡舞之聲，徹於山谷。」見屠繼善：《恆春縣志》，頁288。

第七章　清領時期的散文

在荷蘭人到臺灣建立政權之前，已有來自中國的漢人以散文形式書寫對於臺灣的見聞，明代萬曆三十一年（1602），陳第將其親身經歷寫成〈東番記〉，以散文描述臺灣西南部平埔族的生活和文化，影響後世對於當時平埔族的看法，如郁永河的《裨海紀遊》和黃叔璥的《臺海使槎錄》即是。沈光文寓臺三十餘年，歷經荷蘭、明鄭和清領三個時期，創作不少詩文作品，包括《文開文集》、《文開詩集》、《臺灣輿圖考》、《流寓考》、《草木雜記》和〈臺灣賦〉等作品，〔註1〕開啟台灣文學首頁，被推為海東文獻初祖，雖然部分作品已散佚，仍可就所存的作品觀察到流寓文人的內在情感，沈氏以外來者的角度記錄臺灣獨特的山川、物產、風土和習俗等多元面向，呈現出早期中國漢人觀看臺灣的視角。明鄭時期的官方文書和民間交流皆以散文為主，林淑慧認為臺灣的散文史應始於此時。〔註2〕隨鄭氏來臺的知識份子，如徐孚遠、王忠孝、沈佺期和李茂春等人的作品，以詩作為主，留存下來的散文作品並不多，楊英的《從征實錄》是此時較為完整而突出的散文作品。楊英為鄭成功部屬，擔任經理糧餉的職務，並親歷多次征戰，以近距離的觀察直錄延平郡王的言談舉止、出征作戰的經過和墾殖臺灣的策略，其中多有史書不及之處，是研究明鄭史不可或缺的資料。由於荷蘭和明鄭的執政者並未真正將經營版圖延伸至下淡水溪以東，使得本地文教啟蒙甚晚，因而此時尚未見到有關屏東地區的散文作品。

〔註 1〕見龔顯宗：《台灣文學家列傳》（臺北市：五南，2000 年），頁 39。
〔註 2〕見林淑慧：《臺灣清治時期散文的文化軌跡》（臺北市：臺灣學生，2007 年），頁 90。

　　到了清領時期，臺灣各地修志之風大盛，許多藝文作品受到官方的採錄而得以保存下來，私家刊刻別集者有之，惟數量不多。蓋清領初期刻工難求，個人出書不易，文學別集僅能以抄本和稿本的形式流傳，甚至常有散失亡佚的情況，鳳山縣文人卓肇昌的《栖碧堂全集》便是顯例。各地方志的〈藝文志〉所收錄的藝文作品，包括詩、賦、文等文體，以詩為大宗，賦次之，散文最少，而所錄的散文作品多與政事有關。臺灣首部有〈藝文志〉體例的方志為高拱乾主編的《臺灣府志》，在其凡例提到有關藝文作品的錄取標準，其云：

> 志載藝文，務關治理；苟有裨於斯郡，宜無美而不收。然考獻徵文，
> 前此遠在殊域；談天華國，十年生聚方新。今惟先集所見，上自宸
> 章、下逮新咏；後有作者，當俟之踵事增華。〔註3〕

從內容可知，高志選文的標準在「務關治理」，甚至連皇帝的作品（宸翰）都載入，呈現出選文與政治的密切關聯。正因官方掌握編纂輯錄志書的權力，從官方需求角度所編纂的方志，自然很難純粹是文學面向的考量，選錄的原則多以政事和教化有關的文章為主，使得散文作品的保存與流傳受到相當程度的限制。高志既為臺灣方志之濫觴，其選文標準自然對後來的方志有啟發指導作用，如《鳳山縣志》〈藝文志〉的序文云：「藝文之志，豈踵事增華哉！政教之得失、風俗之淳漓，咸於斯鏡之」，〔註4〕而《重修鳳山縣志》〈藝文志〉的序文亦云：「將必采民風，覘吏治，有足資考鏡之林者，著之於篇；此賢者所為以文章轉移風化也。」〔註5〕《鳳山採訪冊》對於選文則有「輔經翼史，闡道明德」的標準。〔註6〕

　　涉及屏東地區的散文出現於清領時期，皆來自於方志，民間的私人別集目前無所見，屬於實用性質的官方文書率先出現，如閩浙總督覺羅滿保的〈題義民效力敘疏〉和藍鼎元代筆的〈諭閩粵民人〉，前者為奏疏，後者為告諭，民間文人作品則是鄭蘭的〈請追粵砲議〉，屬於議論。咸豐朝以前的作品內容與閩、粵族群有關，到了清領後期的光緒朝，由於屏東本地文人崛起，並參與地方列女事蹟的採錄工作，留下多則屏東列女的傳略。本章以敘及清代屏

〔註3〕見高拱乾：《臺灣府志》（南投市：臺灣省文獻委員會，1993年），頁16。
〔註4〕見陳文達：《鳳山縣志》（南投市：臺灣省文獻委員會，1993年），頁137。
〔註5〕見王瑛曾：《重修鳳山縣志》（南投市：臺灣省文獻委員會，1993年），頁339。
〔註6〕見盧德嘉：《鳳山採訪冊‧採訪案由》（南投市：臺灣省文獻委員會，1993年），頁13。

東地區的散文爲限，將以覺羅滿保的〈題義民效力敍疏〉、藍鼎元的〈諭閩粵民人〉、鄭蘭的〈請追粵砲議〉和屏東列女諸篇爲對象，擬從作品內容加以論述，此爲本章所要探討的主題。

第一節　覺羅滿保的〈題義民效力敍疏〉

　　覺羅滿保（1673～1725），字鳬山，號九如，滿洲正黃旗人。康熙三十三年（1694）進士，五十一年（1712）巡撫福建，五十五年（1716）晉閩浙總督。六十年（1721）四月，朱一貴事起，全臺陷。滿保疾赴泉州，調兵籌餉，安定人心。飛諮水師提督施世驃督師，以南澳總兵藍廷珍副之。施世驃復安平鎭，轉戰七鯤身，藍廷珍率精騎登度，繞敵背擊之，一貴大潰，恢復府治。凡七日，臺郡悉平。加兵部尙書，贈一品秩。雍正三年（1725），卒於任，有《檢心堂集》。〔註7〕

　　覺羅滿保籍隸滿洲正黃旗，乃帝族直系，在家世背景的加持下，宦途十分順遂，進士登第後，十餘年間得授福建巡撫，任滿後晉升閩浙總督，成爲封疆大吏。在總督閩浙期間，臺灣爆發清領以後最大的民變事件。事平後，並未因此遭到究責，反而因功陞任部臣。由於本文涉及清代臺灣三大民變的「朱一貴事件」，此一事件對於清代臺灣歷史的發展，甚至屏東地區的族群生態、社會定位和空間配置等皆產生相當深遠的影響。爲避冗言起見，在此並不探討朱案的成因，僅就本文的內容加以分析。

　　當朱一貴起事時，屏東平原部分的客家移民曾在杜君英的召集下，由檳榔林起兵響應，後來朝廷大軍壓境，在下淡水境內的客家移民隨即組成「七營」，協官平亂。照理來說，屏東平原的客家移民曾經響應杜君英起事，後來王師抵臺，立場撥亂反正，即使沒有受到「朱案」或「杜黨」的株連而遭到處罰，最多也只能將功抵罪。然而，在亂事平定之後，朝廷不但將連坐之罪勾消，同時刻意獎賞客家移民，只針對其協官平亂方面論功行賞。經過朝廷的獎賞，屏東平原的客家人從此被視爲「義民」而非「逆賊」，臨時組成的「七營戰鬥體」，事後不但沒有被解散，反而發展成爲永久性質的民間團練組織，

〔註7〕有關覺羅滿保的生平事略，參考自張子文、郭啓傳、林偉洲撰文，國家圖書館特藏組編輯：《台灣歷史人物小傳：明清暨日據時期》（台北市：國家圖書館，2006年），頁821。

並且逐漸形成具有地域色彩的固著聚落，此一聯莊互保的地方武裝團體，日後遇事隨即奉命「協官平亂」。經過乾隆五十一年（1786）的「林爽文事件」後，正式被稱為「六堆」，以別於正規軍隊的編制。從逆賊到義民，屏東平原客家移民的身份定位竟有如此巨大的反差，乃肇因於當時閩浙總督覺羅滿保的〈題義民效力敘疏〉。

　　蓋朱一貴事件平定後，總理此案的覺羅滿保上奏〈題義民效力議敘疏〉，此文具有「結案報告」的性質。由於此份報告影響屏東平原客家移民的發展甚鉅，於茲不厭其煩詳錄全文，逐段加以論述，以明箇中梗概。其首段云：

> 竊維朱一貴等倡亂臺灣、佔踞郡縣，荷皇上天威赫濯、征臺將士奮勇用命，以旬日之間，疆土恢復。惟查臺亂之時，有南路營下淡水及安平鎮、西港尾、溝尾莊各處義民，誓心效力，倡率義旗；或聚眾守土以拒賊、或結隊嚮道而勤戰，或質家口從間道以引王師、或設奇謀糾眾力而擒賊目。皆由國家有淪肌浹髓之深仁，致草野知親上效忠之大義。臣於「恭報全臺底定」疏內，業經附疏題明。隨檄行臺灣鎮、道、府逐一確查實在事蹟，親詢各義民當日效力情形，各據造冊開報前來。義既可嘉，功尤足錄。理合臚列上聞。〔註8〕

本段為序文，概述平亂獲勝的經過和上疏的動機。首先提及臺亂起時，協官平亂的幾股力量，包括「南路營下淡水及安平鎮、西港尾、溝尾莊各處義民」，其中「下淡水」即屏東平原。這些義民透過各種不同的方式協助平定亂事，「或聚眾守土以拒賊、或結隊嚮道而勤戰，或質家口從間道以引王師、或設奇謀糾眾力而擒賊目」，其中「聚眾守土以拒賊」者即下淡水義民。由於各處義民事蹟可嘉，功勞當錄，因此「臚列上聞」。

　　疏文次段云：

> 查臺灣鳳山縣屬之南路淡水，歷有漳、泉、汀、潮四府之人，墾田居住。潮屬之潮陽、海陽、揭陽、饒平數縣與漳、泉之人語言聲氣相通，而潮屬之鎮平、平遠、程鄉三縣則又有汀州之人自為守望，不與漳、泉之人同夥相雜。六十年四月二十二日，賊犯杜君英等在南路淡水檳榔林招夥豎旗搶劫新園，北渡淡水溪侵犯南路營，多係潮之三陽及漳、泉人同夥作亂。而鎮平、程鄉、平遠三縣之民，並無入夥。三縣義民內有李直三、侯觀德、涂文煊、邱永月、黃思禮、

〔註8〕 見王瑛曾：《重修鳳山縣志》，頁343。

劉魁材、林英泰、鍾國虬、林文彥、賴君奏等謀密起義，誓不從賊；
糾集十三大莊、六十四小莊，合鎮平、程鄉、平遠、永定、武平、
大埔、上杭各縣之人，共一萬二千餘名於萬丹社，拜叩天地豎旗，
立「大清」旗號，供奉皇上萬歲聖旨牌。推莊民侯觀德指畫軍務；
遣艾鳳禮、邱若瞻、涂廷尚、邱克用、朱元位等率眾勦平篤家賊人，
劉庚甫、陳展裕、鍾沐純等率眾勦平姜園賊人。遂分設七營，排列
淡水河岸，連營固守。每營設立統領二人：先鋒營則劉庚甫為統領，
帶一千二百餘人，駐守阿猴地方；中營則賴以槐、梁元章為統領，
帶一千三百餘人，駐守萬丹地方；左營則侯欲達、涂定恩為統領，
帶一千五百餘人，駐守小赤山地方；右營則陳展裕、鍾貴和為統領，
帶三千二百餘人。駐守新園地方；前營則古蘭伯、邱若沾為統領，
帶六千一百餘人，駐守水流沖地方；後營則鍾沐純為統領，帶一千
五百餘人，駐守搭樓地方；巡查營則艾鳳禮、朱元位為統領，帶一
千七百餘人，駐守巴六河地方。又以八社官倉貯穀一十六萬餘石國
課重大，遣劉懷道等又帶領鄉社番民固守倉廠。各義民糾眾拒河嚴
守一月有餘，不容賊夥一人南渡淡水。至六月十二日，賊首朱一貴
遣賊目陳福壽、王忠、劉育、劉國基、薛菊生、郭國楨帶賊人二萬
餘，隔河結營，兩相對壘。六月十八日巳時，賊從西港口偷渡，焚
劫新園；劉庚甫、陳屏裕、鍾貴和等統眾與賊合戰兩次，彼時因各
營義民分札各處，眾力未齊，未能取勝。至本日未時，劉庚甫、陳
展裕復糾同侯欲達、梁元章、古蘭伯，與賊戰於小赤山；至晚復戰
一次，各有損傷。十九日，賊犯萬丹，劉庚甫、陳展裕、侯欲達、
古蘭伯率眾拒敵，且戰且守，誘賊至濫濫莊。彼時鍾沐純等率眾從
搭樓趕赴前來，繞出賊人之後從北面殺入；劉庚甫、梁元章、古蘭
伯、劉懷道等統眾從南面殺入，陳展裕、侯欲達、涂定恩等率眾從
東殺出：三面合攻，大敗賊眾。追至淡水河邊，有邱若瞻、艾鳳禮
攔河截殺，賊眾無船可渡，溺死及殺死者數千人，餘俱逃散；賊目
劉育亦被殺死。義民為首之涂文煊及鄉壯被賊傷死者一百一十二
名。奪得大銃四尊、砂礮四尊、偽箚、偽印、旗號、軍器甚多。賊
目陳福壽、劉國基、薛菊生小船逃至瑯嶠，相繼投出。〔註9〕

─────────────────
〔註 9〕見王瑛曾：《重修鳳山縣志》，頁 343～345。

本段為疏文重點所在，詳述叛亂軍和義民軍雙方對壘戰鬥的過程。作者先指出下淡水地區的移民生態，當時下淡水地區的漢人分別來自「漳、泉、汀、潮四府」，漳、泉和汀州府同為閩省移民，潮州府則為粵省移民。然而，作者又將潮州府的移民區分成兩類，一類是潮陽、海陽、揭陽和饒平等縣與閩系漳、泉移民「語言聲氣相通」；另一類是鎮平、平遠和程鄉等縣和閩系汀州府移民「自為守望」，「不與漳、泉之人同夥相雜」。前者是與閩系移民生活習性相通的潮陽等地之「三陽客屬」，而後者是不與閩系移民同夥相雜的鎮平等地之「三縣客屬」。

接著提到康熙六十年（1722）四月二十二日，杜君英在檳榔林起事響應朱一貴，其眾「多係潮之三陽及漳、泉人同夥作亂」，這裡指出跟隨杜君英在檳榔林作亂者為閩系和三陽客屬移民，「而鎮平、程鄉、平遠三縣之民，並無入夥」。這段敘述相當重要，作者明顯為潮州府客屬在亂民和義民之間做了技術性的切割，將三陽客屬與閩系視為同夥亂民，三縣客屬不與閩系同夥作亂，斯為後來的義民埋下伏筆。蓋上述引文有兩點值得注意，其一是將下淡水移民加以分類，是為臺灣社會族群分類之始，為日後諸多閩粵械鬥埋下遠因；其二是將三縣客屬歸類為「義民」，從此為臺灣的客家人取得歷史地位，而客家保衛鄉土的忠義精神則於此時初步成形。

面對杜君英的起兵，下淡水另股客屬勢力開始集結。其文續云「三縣義民」李述德等人，「謀密起義，誓不從賊」。於是，召集「十三大莊、六十四小莊」，共一萬二千餘名，涵蓋「鎮平、程鄉、平遠、永定、武平、大埔、上杭各縣」移民。至此，下淡水地區的客家義軍已然成形，總兵力約一萬二千名，而「十三大莊、六十四小莊」的規模，則是六堆客家最初的雛形。

下淡水客家義軍組成後，舉行宣誓儀式，以示效忠朝廷，「拜叩天地豎旗，立『大清』旗號，供奉皇上萬歲聖旨牌」。值得注意的是，由於作者已在前文鋪陳三縣客屬因為生活習性與閩系殊異，是以朱亂起時，三縣人並未同夥，反而擁護朝廷，聯莊誓師起義，成為協官團體。故此段敘述已特別將三縣客屬從潮州府客籍族群析出，而逕稱為「三縣義民」，以別於從閩賊作亂的三陽客屬。據此推論，作者希望將「不與漳、泉之人同夥相雜」的三縣人歸類為粵系客家族群，而將「與漳、泉之人語言聲氣相通」的三陽人劃分為閩系河洛族群。作者的說法顯然不夠周圓，亦頗有可議之處。

　　事實上，隨軍來臺佐戎，在前線作戰的藍鼎元對杜君英的作亂經過與覺羅氏的描述不同，最大的差異在於記錄當時下淡水客屬族群的動向。其云：

> 南路賊首杜君英於是日遣楊來、顏子京率其眾百人之一貴所，稱君英在下淡水檳榔林招集粵東種地傭工客民，與陳福壽、劉國基議共掠臺灣府庫。又有郭國正、翁義起草潭，戴穆、江國論起下埤頭，林曹、林騫、林璉起新園，王忠起小琉球，皆願從君英攻府，約朱一貴共事。〔註10〕

藍文提到杜君英曾召集下淡水檳榔林的「粵東種地傭工客民」，而覺羅氏的疏文僅表示「杜君英等在南路淡水檳榔林招夥豎旗搶劫新園，北渡淡水溪侵犯南路營，多係潮之三陽及漳、泉人同夥作亂」，隻字未提到杜黨有粵東客民加入，此粵東客民正是「潮之三陽」者。直言之，即使三陽人在生活習性與閩系族群相通，卻仍是真正的客屬族群。兩人所述，在此明顯出入。

　　後來朱一貴和杜君英內訌，雙方決裂，互相攻殺。藍氏記云：

> 一貴怒，密謀李勇、郭國正等整兵圍攻杜君英，敗之。君英與林沙堂等率粵賊數萬人北走虎尾溪，至貓兒干屯箚，剽掠村社。半線上下，多被踐躪。〔註11〕

杜君英敗走後，「率粵賊數萬人北走」，顯示當時粵人從杜者有數萬之眾，而覺羅氏疏文亦未提及「粵賊」曾經北掠臺灣中部的事實，身為閩浙地區最高官吏的覺羅滿保對於臺灣民變向北蔓延的情形，絕不可能毫無所悉。嚴格來說，覺羅氏的疏文並未對當時下淡水客屬族群的動向提出全面性的陳述，顯有避重就輕之嫌。

　　疏文次段繼續敘述下淡水起義的客屬族群布陣抵敵的過程，「分設七營，排列淡水河岸，連營固守」，七營分別是先鋒營、中營、左營、右營、前營、後營和巡查營，除去駐守巴六河的巡查營，〔註12〕其餘諸營駐守的地盤正是今日客家六堆所在地區。

〔註10〕見藍鼎元：《平臺紀略》（南投市：臺灣省文獻委員會，1997年），頁2。
〔註11〕見藍鼎元：《平臺紀略》，頁10。
〔註12〕巴六河俗稱為「巴六溪」，今已易名為武洛溪，該溪流經本縣九如鄉。九如鄉原名「九塊厝」，屬閩客混居的族群組成，本地至少在康熙末年以前曾有阿猴社分支的「巴六社」人（或「巴轆社」）定居於此，巴六河因該社而名之。九如鄉九明村現在尚有客家原鄉廟宇三山國王廟乙座，可見昔日此地客家族群聚居的痕跡。上述說法參考自施添福總編纂，台灣省文獻委員會採集組編輯：《台灣地名辭書·卷四·屏東縣》（南投市：台灣省文獻委員會，2001年），頁280。

　　七營既設，「拒河嚴守一月有餘，不容賊夥一人南渡淡水」。六月十二日，客家義軍與朱一貴軍遭遇，經過數日鏖戰，朱軍不利，「賊目陳福壽、劉國基、薛菊生小船逃至瑯嶠，相繼投出」，可知朱氏殘黨遁入瑯嶠地區，導致後來瑯嶠地方被朝廷列為禁地，不許漢人擅入。

　　第三段敘述義民與賊兵沿下淡水溪對峙，以及戰鬥結束後義軍護送向朝廷輸誠的精神圖騰「皇上萬歲聖旨牌位」到府城奉安的過程。其文云：

> 自五月初十日起，義民與賊隔河對壘，官兵信息莫通。直至六月十
> 九日，賊眾敗逃，搜得賊首朱一貴敗軍回府偽諭，始知大兵既經到
> 府；遂於閏六月初二日，侯觀德、李直三等率三千人護送皇上萬歲
> 聖旨牌至臺灣府，奉入萬壽亭。〔註13〕

文中兩度強調義民得勝，全係「孤軍奮戰」的結果。其一，五月初十日起，雙方隔岸相持，而「官兵信息莫通」，無法與官方取得聯絡；其二，在賊兵潰敗後，「始知大兵既經到府」，暗示藍廷珍的兵馬不及赴援。此舉不僅凸顯義軍的戰功，且暗藏淡化南澳總兵藍廷珍軍功的機心。而書寫義軍護送皇上牌位奉祀於府城萬壽亭的行動，意在強化下淡水客家義民效忠朝廷的形象。

　　末段再次提及義民護土之功，以及事後獎賞義民的連串措施。其文云：

> 臣與提臣聞報，見其糾眾舉義固守下淡水以南地方，保護倉廒；又
> 復奮勇殺賊，大可嘉尚。隨將為首起義及統眾打仗出力之人，俱各
> 分別獎勵；各給以外委、都司、守備、千、把，又前後捐賞銀九百
> 五十兩、米三百石、穀一千三百石、綵綢一百疋，製「懷忠里」匾
> 額旌其里門。又拔李直三、侯觀德、邱永月、劉庚甫、陳展裕、鍾
> 沐華為營中千、把，未經部准。此南路下淡水義民殺賊守土效力之
> 實蹟；其舉事雖有先後之不同，而效忠則無彼此之或異。所當仰懇
> 皇上天恩，將為首統眾出力之人，酌加議敘，以示鼓勵。庶海外人
> 民共慕忠義之風、各懷激勸之意，於人心、地方均有裨益。〔註14〕

文中提到「拔李直三、侯觀德、邱永月、劉庚甫、陳展裕、鍾沐華為營中千、把」，斯為臺灣客家人獲官之始。覺羅氏對客家義民授官之外，又獎勵銀、米、錦繡和製贈匾額，可謂備極榮寵。此後，每當臺灣客籍移民協官平亂，朝廷莫不採取相同的模式進行獎掖。這些封賞直接鼓勵臺灣客家族群的士氣，提

〔註13〕見王瑛曾：《重修鳳山縣志》，頁345。
〔註14〕見王瑛曾：《重修鳳山縣志》，頁345～346。

高客屬移民的社會地位，卻深化閩、客族群的嫌隙。文末復云下淡水客屬「舉
事雖有先後之不同，而效忠則無彼此之或異」，藉「舉事」和「效忠」模糊粵
東三陽客屬從賊的事實，並爲覺羅氏獎賞下淡水義民的措施找到正當的理由。

　　覺羅氏的疏文將重點放在表述下淡水客屬協官平亂的功績，有意淡化南
澳總兵藍廷珍用兵剿平之功，企圖獨攬首功，可見其政治動機。平心而論，
縱使客家義軍能夠獨力挫敵於下淡水溪東岸，此時若無藍廷珍所率領的援軍
登陸銜尾而至，有效牽制住敵後並清理各路戰場，使叛亂軍陷於兩面受敵、
首尾難顧之局，〔註 15〕則朱亂是否得以順利迅速平定，尚有討論的餘地。平
定朱亂，藍廷珍之功，亦不可沒。

　　本文無意對朱一貴事件進行翻案或偏視客家義軍的貢獻，主旨在論述覺
羅滿保疏文所隱藏的政治動機。由於覺羅滿保的政治動機，其疏文帶來數個
面向的影響，不僅加深屏東平原閩、客族群的分化與對立，「辛丑變後，客民
（閩人呼粵人曰客仔）與閩人不相和協」，同時臺灣族群分類嫌隙亦因此開
始；〔註 16〕朱案以後，清廷重新嚴禁漢人渡臺，使得客家人不再是昔日往返
於海峽兩岸的在臺種地傭工，從此「列屋聚廛，別成村落」，〔註 17〕成爲定居
於臺灣的族群；而客家六堆聚落的形成，更是深刻地影響屏東地區的空間配
置。〔註 18〕此外，透過義民身份的取得，臺灣客家人在政治、經濟和社會地
位得到官方的認可，陸續入籍臺灣，同時開始合法擁有土地，日後更進一步
爭取參加科舉考試，〔註 19〕因而培養出許多具有功名和和能文的客家子弟，
在台灣文學發展史佔有一席之地，屏東在地進士江昶榮即是顯例。

第二節　藍鼎元的〈諭閩粵民人〉

　　本文係南澳總兵藍廷珍在臺期間所發公告，其目的在止息因漳州人士鄭
章糾眾打死粵籍賴君奏、賴以槐所引發的族群騷動，實際內容由藍鼎元代筆
而成。藍鼎元（1680～1733），字玉霖，又字任庵，號鹿洲，福建漳浦人。少

〔註 15〕有關藍廷珍的征臺事蹟，可以詳參藍鼎元所著《平臺紀略》。
〔註 16〕見黃叔璥：《臺海使槎錄》（南投市：臺灣省文獻委員會，1999 年），頁 93。
〔註 17〕見盧德嘉：《鳳山縣採訪冊》，頁 268。
〔註 18〕參考自施雅軒：《戰爭、空間、六堆客家：另一臺灣歷史地理學的展演》（高
　　　　雄市：麗文文化，2011 年），頁 35。
〔註 19〕參考自駱芬美：《被誤解的台灣史：1553～1860 之史實未必是事實》（臺北市：
　　　　時報文化，2013 年），頁 228。

孤貧,刻意讀書,以文章經濟自許,韜鈐行陣,靡不研究。年十七,即泛舟歷閩閩、浙沿海島嶼。既而入邑庠,讀書鰲峰書院,受到閩撫張伯行賞識,認爲「藍生確然有守,毅然有爲,經世之良材,吾道之羽翼也」,〔註20〕延纂洛閩諸儒書。康熙六十年(1721),臺灣朱一貴亂起,從族兄南澳總兵藍廷珍征臺,遂參戎幕,多所贊畫,文移書札,概出其手。雍正六年(1728),受薦召對,以「經理臺灣」等六事調奏稱旨,授廣州普寧縣知縣,旋攝潮陽縣篆,有政聲,以忤上官免。雍正十一年(1733),再起爲廣州知府,抵任甫一月,患痰喘疾卒。藍氏善斷案,著作豐富,有《東征集》、《平臺紀略》和《平臺灣生番記》,專記臺灣平亂事及論善後事宜,無不分析入微,見解獨到,日後彰化縣與淡水廳之增設皆採其議。其他著作尙多,計有《鹿洲初集》、《女學》、《棉陽學準》、《鹿洲公案》和《修史試筆》等,合梓爲《鹿洲全集》。〔註21〕

　　臺灣的社會,長期以來存在著族群的紛擾。考察臺灣方志文獻,荷蘭時期和明鄭時期並未見到族群械鬥的記錄。清領以後,臺灣族群械鬥漸生,乾、嘉年間日益頻繁,成爲臺灣社會動盪不安的主因。朱一貴事件結束後,下淡水地區的閩、客族群關係日趨惡化,兩省移民往往輕啓釁端,其中情節嚴重者,甚至造成分類械鬥。道光九年(1829),恩貢生林師聖便指出:

> 康熙六十年,朱一貴之亂,有僞封國公杜君英者,粵之潮洲人也。
> 其旗賊眾最雄,閩之賊俱忿恨之。於是,合眾攻君英。諺有云:十
> 八國公滅杜是也。殺人盈城,尸首填塞街路,福安街下流水盡赤。
> 君英敗死,粵籍奔竄南路,合眾藏匿一莊,曰「蠻蠻」。聞大兵至,
> 起義旗,協攻閩賊有功。蒙賞頂戴纍纍,遂搆聖恩亭於莊中。此閩
> 粵分類之所由始也。〔註22〕

從上述引文可知,朱一貴事件激化閩、客族群對立,下淡水地區閩、客移民的嫌隙從此開始。

　　可想而知,值此大亂甫靖,民心未定之際,如有任何風吹草動,勢必牽動族群之間的敏感神經,而當局若無適時介入妥善作爲,則星火燎原,亂將再起。朱一貴事件平息後,下淡水地區隨即發生漳人鄭章毆死粵人賴君奏、

〔註20〕見藍鼎元:《平臺紀略·行述》,頁6。
〔註21〕有關藍鼎元的生平事略,參考自張子文、郭啓傳、林偉洲撰文,國家圖書館特藏組編輯:《臺灣歷史人物小傳:明清暨日據時期》,頁791。
〔註22〕見臺灣銀行經濟研究室編:《臺灣採訪冊》(南投市:臺灣省文獻委員會,1993年),頁34。

賴以槐一案，此案有可能發展成下淡水閩、客族群械鬥的燎原之火。因此，藍鼎元洞見機先、防患未然，立即採取斷然措施，將元兇鄭章判處死刑，並迅速以文告諭知下淡水閩、客族群，避免事端擴大，釀成分類械鬥，致使生靈再度塗炭。本文內容告誡臺灣閩、粵兩籍移民不可因故相互爭鬥，應當和睦相處，成為國家的良民。日後徐宗幹〈與閩粵紳士〉、謝金鑾〈泉漳治法論〉和鄭用錫〈勸和論〉等皆屬此類作品，其中藍、徐兩文屬於官方文書，謝、鄭兩文則是私人之筆。從歷史地位來看，本文乃清代勸諭族群和諧的首篇作品，雖以官方角度進行書寫，其旨趣仍是以促進族群和諧為立意，極具時代意義，值得正視與省思。本文先從閩粵分類械鬥的社會背景切入，再以「動之以情」、「說之以理」和「威之以武」等三個層面加以分析，可見行文脈絡。茲錄其全文如下：

> 鄭章毆死賴君奏、賴以槐，按問抵償。聞汝等漳、泉百姓以鄭章兄弟眷屬被殺、被辱，復仇為義；鄉情繾綣，共憐其死。本鎮豈非漳人，豈無桑梓之念？道府為民父母、公祖，豈忍鄭章無辜受屈？但賴君奏、賴以槐果有殺害鄭章兄弟家屬，應告官究償，無擅自撲殺之理。乃文武衙門未見鄭章片紙告愬，而賴家兩命忽遭兇手；雖欲以復仇之義相寬，不可得已。況賴君奏等建立「大清」旗號以抗拒朱一貴諸賊，乃朝廷義民，非聚眾為盜者比；鄭章擅殺義民，律以國法，罪在不赦。汝等漳、泉百姓，但知漳、泉是親；客莊居民，又但知客民是親。自本鎮、道、府視，則均是臺灣百姓、均是治下子民：有善必賞、有惡必誅，未嘗有輕重厚薄之異。即在汝等客民與漳、泉各處之人，同自內地出來，同屬天涯海外、離鄉背井之客，為貧所驅，彼此同病。幸得同居一郡，正宜相愛相親；何苦無故妄生嫌隙，以致相仇相怨，互相戕賊？

> 本鎮每念及此，輒為汝等寒心。今與汝民約：從前之事盡付逝流，一概勿論；以後不許再分黨羽，再尋仇釁。漳、泉、海豐、三陽之人經過客莊，客民經過漳、泉村落，宜各釋前怨，共敦新好，為盛世之良民；或有言語爭競，則投明鄉保耆老，據理勸息，庶幾興仁興讓之風。敢有攘奪鬥毆，負隅肆橫，本鎮執法創懲，決不一毫假借！其或操戈動眾相攻殺者，以謀逆論罪；鄉保耆老管事人等，一并從重究處。汝等縱無良心，寧獨不畏刑戮？本鎮以殺止殺，無非

　　爲汝等綏靖地方，使各安生樂業。各宜凜遵，無貽後悔！〔註23〕
本文開始便直揭鄭章毆死賴君奏和賴以槐，必須按律處以死刑。賴君奏爲粵
人，曾參與下淡水客屬起義行動，協助官方平定朱一貴事件，立下軍功，被
視爲義民。在覺羅滿保的〈題義民效力敘疏〉就可見到賴氏名字，其文如下：
　　三縣義民內有李直三、侯觀德、涂文煊、邱永月、黃思禮、劉魁材、
　　林英泰、鍾國虬、林文彥、[賴君奏]等謀密起義，誓不從賊。〔註24〕
而在《重修鳳山縣志》之〈義民〉亦可見賴氏名列其中：
　　李直三、侯觀德、艾鳳禮、邱若瞻、涂延尚、邱克用、朱元位、
　　劉庚輔、陳展裕、鍾沐華、鍾沐純、梁元章、賴以槐、侯欲達、
　　涂定恩、鍾貴和、古蘭伯、劉懷道、涂文煊、邱永月、黃思禮、
　　劉魁才、林英泰、鍾國虬、林文彥、[賴君奏]、涂華煊、何廷等，
　　籍貫俱廣東（按義民率粵之鎮平、平遠、嘉應州、大埔等州縣人。
　　渡臺後，寓縣下淡水港東、西二里，……）。〔註25〕
同文接著記述義民抗敵的經過，其記載云：
　　康熙六十年，臺賊朱一貴作亂，直三等密謀起義不從賊。……推侯
　　觀德指畫軍務。分七營，駐列淡水溪，連營固守。又以八社倉廠貯
　　粟一十六萬餘石，遣劉懷道、[賴君奏]、何廷等率領鄉壯番民固守。
　　相拒月餘，群賊不敢一人南渡。〔註26〕
大軍作戰，後勤補給甚爲重要，尤以糧食爲重要的戰略物資，必須善加保護。
鳳山縣前知縣宋永清曾在崁頂地區籌建「八社官倉」，貯穀一十六萬餘石，是
爲下淡水重要的糧倉所在地，此地一失，義軍無以爲繼，必將土崩瓦解。因
此，保護八社官倉是此役相當重要的任務。在下淡水大戰即將展開之前，賴
君奏被分派到此地固守，據此可以推知賴氏在粵人之中具有一定的地位，並
非尋常之輩。同時，從上述引文賴君奏等人「率領鄉壯番民固守」可以旁知，
鳳山八社的平埔族人曾經介入此次戰鬥行動。
　　鄭、賴兩氏因何結怨，已經無法得知。本文提到鄭章兄弟家眷被殺、被
辱，因此糾集同省漳、泉人士以「復仇爲義」，對賴君奏兩人處以私刑。不過，

〔註23〕見王瑛曾：《重修鳳山縣志》，頁352～353。
〔註24〕見王瑛曾：《重修鳳山縣志》，頁344。
〔註25〕見王瑛曾：《重修鳳山縣志》，頁255～256。
〔註26〕見王瑛曾：《重修鳳山縣志》，頁256。

清代臺灣社會每逢民變事件，粵籍移民常藉機仇殺閩人，往往殃及無辜，賴
君奏亦不能免此。下引資料可供參考：

> 自五月中賊黨暨分，閩、粵屢相併殺；閩恆散處、粵悉萃居，勢常
> 不敵。南路 賴君奏 等所糾大莊十三、小莊六十四，並稱客莊，肆毒
> 閩人；而永定、武平、上杭各縣人復與粵合，諸漳、泉人多舉家被
> 殺、被辱者。六月十三日，漳、泉糾黨數千，陸續分渡溶水，抵新
> 園、小赤山、萬丹、濫濫等莊，圖滅客莊；王師已入安平，尚不知
> 也。連日互鬪，各有勝負。十九日，客莊齊豎「大清」旗，漳、泉
> 賊黨不鬪自潰，疊遭截殺；群奔至淡水溪，溪闊水深，溺死無算，
> 積屍填港。後至者踐屍以渡，生還者數百人而已。〔註27〕

可見賴君奏曾經率領客籍移民「肆毒閩人」，導致「諸漳、泉人多舉家被殺、
被辱者」，鄭章家族眷屬可能於此亂遭難，是以結下不共戴天之仇。

　　其實，從方志文獻資料來看，清代台灣所謂的協官義民，往往也是造成
社會動盪的「亂民」。蓋臺灣民變發生後，義民組織雖然能夠協助官方平定動
亂並擒得賊首，卻動輒公報私仇趁勢攻擊對立的族群，不僅造成社會秩序的
餘震，也埋下「冤冤相報」的仇恨種子，李受攻擊閩莊事件便是顯例。道光
十二年（1832）冬，嘉義地區爆發張丙事件，閩人許成藉機攻擊鳳山縣，並
「有滅粵之語」，下淡水客屬組成義軍後不受指揮，到處攻殺閩莊。這次的攻
擊行動，使原本擁有「懷忠里」封號的六堆客屬，頓時被冠上「粵匪」之名。
鳳山縣歲貢生鄭蘭在〈剿平許逆紀事（並序）〉便逕稱粵人為匪，指出粵人為
禍甚於逆賊，其文云：

> （黃驤雲）聞粵匪李受等藉義民名目，自立營頭，署中軍府；亟馳
>   書諄諄勸誡，切不可攻燬閩莊。李受不聽，蹂躪甚於許逆。〔註28〕

當時粵匪禍害鄉里的經過，以鳳山縣附貢生黃文儀在「紀許逆茲事五古十二
首」的〈立帥府〉最具代表性，其詩云：

> 粵匪毒於賊，攻莊恣殺虜。列幕掛帥旂，榜起中軍府。主幟惟李受，
> 偉中誤為輔。飛檄調三軍，分營併設伍。溪南五百莊，一炬成焦土。
> 我民竟何辜，風餐夜宿露。呼天喊地來，栖身竟無所。死者紛狼籍，
> 生者猶懼苦。平公菩薩心，涕泣為招撫。〔註29〕

〔註27〕見王瑛曾：《重修鳳山縣志》，頁276。
〔註28〕見盧德嘉：《鳳山採訪冊》，頁427。
〔註29〕見盧德嘉：《鳳山採訪冊》，頁435。

李受藉義民名目殘殺閩人，形同亂中添亂，類此事件，史冊可考。因此，在大亂之後，各地也常見到族群械鬥事件。所以，義民雖然是平亂的一股助力，同時也可能是引發分類械鬥的推力。細究粵人賴君奏命案的因果，以及李受襲擊閩莊的事件，顯然是當時社會「治時閩欺粵，亂時粵侮閩」所造成的後遺症。

再從官府的反應來看這則人命公案。早期清廷雖然以消極的態度治理臺灣，但是基層官吏並不能完全以相同的態度處理地方事務。臺灣官吏面對族群紛爭或械鬥時的應變方法，大致可以分成四類：一是約禁；二是勸息；三是調處；四是彈壓。〔註30〕本文性質屬於第一類。

當朱一貴事件結束後，下淡水閩、粵兩籍已經釀成分類，隨時可能再次引發動亂。賴案一出，漳人元兇遭到逮捕並問成死罪；不足，藍氏更出文告公開約束閩、粵民人，「不許再分黨羽，再尋仇釁」。惟此舉效果並未持續太久，日後下淡水閩、粵仍相互爭鬥不已。由此可知，官府以公告示禁的方式約束族群衝突，效果多半是有限的。

在紛爭之前可以約禁，紛爭既起則以和為貴，勸解兩方不要再進行械鬥。這類勸息行動多半以勒石或文書的方式進行，期能達到勸止紛爭的效果。前者係地方官員所立，淡水同知恩煜的〈漳泉械鬥諭示碑〉即是典型；後者有些是地方名望所撰，開臺進士鄭用錫的〈勸和論〉可為代表。

當紛爭無法勸息時，便繼之以調停。調停行動通常是由鄉紳代替官府出面，一來要化解歧見，二來要促成和諧。但是，調處的效果並不一定，有時只是暫時平息紛爭，並未真正修補族群傷痕。

前三項屬於柔性勸阻方式，最後則是武力彈壓。總觀清代台灣社會械鬥事件層出不窮，說明柔性勸阻的效果極其有限。因此，官府採取軍事鎮壓，嚴密追捕肇事的首謀並處以極刑，對於附從者多是輕罰。每當臺灣發生攻城掠地、殺害官吏的大型民變時，官方通常採取此一模式。

進一步解析本文內涵，可以分成三個層面加以說明。第一層是「動之以情」、第二層是「說之以理」和第三層是「威之以武」，層層遞進，環環相扣。

首先是「動之以情」。藍氏先提到閩人因鄭章家屬受害而以「復仇為義」的相挺行為，乃是「鄉情共憐」所致，為當時附從鄭氏的閩族找到合乎人情

〔註30〕見胡律光：《再現臺灣》第 12 期〈分類械鬥〉（臺中市：莎士比亞文化事業，2008 年），頁 23。

的開脫理由，同時暗示處分僅止於首惡鄭章而不及因鄉情激動的眾人。接著表示自己也是漳州人，「本鎮豈非漳人，豈無桑梓之念」，此言相當重要，意在爭取省籍認同，以避免閩系反彈，事端因此擴大。

其次是「說之以理」。藍氏以道府官員為民之父母，「豈忍鄭章無辜受屈」，只要向官府投訴，自可為民主持公道。據此而論，賴君奏果有濫殺無辜之實，鄭氏理應循正確管道「告官究償」，而非「擅自撲殺」。然而，官府並未收到任何告訴，賴家兩人竟遭到毒手，鄭氏一方顯然理虧，因此無法以復仇的名義獲得寬容。再進一步說明利害關係，指出賴氏乃「朝廷義民」，並非聚眾為盜的亂民，鄭章殺害義民，國法難容。相形之下，鄭章糾眾擅殺義民的行徑，反而顯得近於聚眾作亂者，同時暗示附從者有成為亂民之虞。接著又云閩、客雖各親其親，但從父母官的角度而言，兩籍都是「臺灣百姓」和「治下子民」，賞善罰惡，一體同仁。值得注意的是，藍氏提到兩籍移民都是「臺灣百姓」，這個說法是清領以來首見，特別是出自內地官員之口，格外具有不同的意義，顯示當局已逐漸將渡臺者視為「臺灣人」，此時距離臺灣入清僅四十年左右。因此，臺灣漢人移民「土著化」意識的形成，其實已經在此時默默地生根。

為了強化上述說法，藍氏接著說兩籍人士同在異鄉，「為貧所驅，彼此同病」，此說原意是要觸發兩籍移民同甘共苦的情感，卻真實地反映出當時臺灣漢人移民篳路藍縷的處境。此處繼說理之後，扣回「動之以情」的層面。

最後是「威之以武」。藍氏與民約法，要求兩籍移民既往不究，不再分類挑釁，「各釋前怨，共敦新好」，成為國家善良百姓。因之，如有言語細故，應向鄉保耆老投訴，據理勸息糾紛；反之，如有鬥毆蠻橫者，一律嚴懲不貸，至於聚眾械鬥者，概以謀逆論罪，刻意與「律以國法，罪在不赦」做成連結。比較特別的是，藍氏還將罰則連坐到鄉保耆老管事等人，此舉不僅在督促地方頭人積極用事，並含有警告不許為首作亂的意味。藍鼎元以公告約禁的方式因應這起事件，前已述及此種模式的效果往往有限，如果僅止於「動之以情」和「說之以理」的層面，本文公告效果自然打折。實則不然，本文在最後「威之以武」，措辭嚴厲，強調「本鎮（藍廷珍）以殺止殺」，此言包括兩個意思。其一是以殺鄭章來遏止後續可能產生的族群分類效應發酵；其二是宣示將以武力鎮壓未來動亂的決心。因此，設若當時下淡水情勢有所不測，藍氏勢必將因應模式從第一類約禁直接提升至第四類彈壓，使閩、客族群莫

不心存忌憚，而不敢輕舉妄動。藍廷珍率大軍初抵臺灣時，爲安定社會民心，藍鼎元在〈檄臺灣民人〉有云：

> 檄告臺灣民人：土賊朱一貴作亂，傷害官兵，竊據郡邑；汝等托居肘下，坐受摧殘，無罪無辜，化爲醜類，深可憐憫！本鎮總統大兵，會同水師提督施剋期勦滅，爲汝等蕩滌邪穢，共享太平，非有立意殺戮、苛求於百姓之心，汝其自安無畏。〔註31〕

這篇檄文主要是爲征討朱一貴所作，藍氏希望臺灣百姓不要恐慌，大軍到此征討對象是叛賊，而非善良百姓，是爲「蕩滌邪穢」，而非「立意殺戮」。如今時勢改易，爲「綏靖地方」，如有「操戈動眾相攻殺」者，將不惜「以殺止殺」，使百姓得以安居樂業。檄文目的在安定人心，本文此處用意在威嚇人心，語氣雖殊，其旨則同，都在力求穩定當時的社會局勢。

藍鼎元以明快而嚴正的態度應付變局，加上族兄藍廷珍當時總鎮內地精銳在臺，有實質武力作爲後盾，使得下淡水原本一觸即發的緊張情勢很快平緩下來，不致於衍生出另一場亂事，藍氏機敏善於斷案，由此可見一斑。清代臺灣社會以「難治」著稱，其原因錯綜複雜，無法在此討論，惟「三年一小反，五年一大反」的諸多民變確實是難治的原因之一。本文雖然無法盡釋閩、客族群的嫌隙，卻可以適時止住陣痛，避免族群的傷口再度擴大，此間化險爲夷的因應之道，全賴主事者的智慧和用心。試想當時處理過程只要稍加不愼，則下淡水又將成爲血流成河的局面。客觀來說，清代台灣社會諸多民變，其中竟有多次動亂乃肇因於基層官吏牧民無方所致，朱一貴事件即是明證。對此，林師聖便認爲「甚冀當事者，留心調劑，防患未然，庶幾無貽後禍」，〔註32〕正是鞭辟入裡之言。

第三節　鄭蘭的〈請追粵砲議〉

本文作者鄭蘭，生卒年不詳，鳳山縣人，原籍福建龍溪，道光十七年（1837）歲貢。鄭氏爲許成事件作〈勦平許逆紀事（並序）〉，全文以駢體寫成，敘述許成作亂始末，兼及粵匪攻閩之亂，文前有短序，文末則呼籲「（粵人）大砲宜追」，〈請追粵砲議〉即爲此一論點的闡述，附錄於〈勦平許逆紀事（並序）〉

〔註31〕見藍鼎元：《東征集》（南投市：臺灣省文獻委員會，1997年），頁 4。
〔註32〕見臺灣銀行經濟研究室編：《臺灣採訪冊》，頁 35。

之後。由於本文並未分段，恐有篇幅過長之虞，為方便引述起見，試將原文分成前後兩段，特此說明。而在探討本文之前，必須先瞭解當時的歷史背景，以利於論述的進行。

　　道光十二年（1832）冬，張丙在嘉義舉事抗官，閩人許成在鳳山縣觀音里響應，以「天運」為年號，並以「滅粵」為號召，因而引起鳳山縣粵籍人士不滿，組織義民攻打閩莊，造成閩粵分類仇視。許成攻破羅漢門（今高雄市內門區），進逼鳳山縣城。翌年（1833）一月，福建陸路提督馬濟勝擊潰張丙以後，南下進剿許成，遂於大目降（今臺南市新化區）被捕。〔註33〕

　　因為許成事件的影響，下淡水粵民再度受到啟用，「鳳山粵莊監生李受，藉王衍慶（嘉義縣知縣）諭札，約各莊頭人斂銀穀、聚義勇。」〔註34〕不過，此次行動卻引發六堆史上最大的挫敗。當時因許成有「滅粵」之語，李受顧慮「溪西閩籍匪徒來與溪東閩人勾結擾害粵莊，遂起意主令各莊粵人，攻搶閩莊，既可報復夙嫌，又可藉以自保，隨與廖芋頭等商議，製義民旗六桿，並以奉官剿賊為名，私立臺灣府官銜旗號，欲使閩人不為防備。」〔註35〕於是，「以自保為辭，不赴郡，乘機搶掠閩人。連日攻萬丹；阿猴諸閩莊。」〔註36〕以及「攻破阿里港及附近諸閩莊，焚掠、慘殺尤甚。」〔註37〕受到粵人襲擊的閩莊多達七十餘處，歷經三個多月才得以平息。〔註38〕下淡水客屬趁官府全力對付張丙和許成事件時，假借「義民」旗號對閩人村落燒殺擄掠，「蹂躪甚於許逆」，而黃文儀在〈立帥府〉詩亦云「粵匪毒於賊，攻莊恣殺擄」，鄭蘭對閩人受到荼毒的慘狀在〈剿平許逆紀事（並序）〉有極為深刻的描寫。〔註39〕文中提到「粵匪每作亂，輒假義民名目，……戕殺甚於逆賊。每日砲聲響震百里，縣治置若罔聞。」〔註40〕此處可以見到粵人在許成事件時，使用火砲攻擊的記錄。

〔註33〕有關許成事件的敘述係參考自許雪姬、薛化元、張淑雅等撰文：《臺灣歷史辭典》（臺北市：文建會，2004 年），頁 805。
〔註34〕見丁曰健編：《治臺必告錄》（臺北縣：文海，1980 年），頁 129。
〔註35〕見臺灣史料集成編輯委員會編：《明清臺灣檔案彙編》第參輯第 53 冊（臺北市：遠流，2003 年），頁 184。
〔註36〕見丁曰健編：《治臺必告錄》，頁 129～130。
〔註37〕見丁曰健編：《治臺必告錄》，頁 133。
〔註38〕參考自丁曰健編：《治臺必告錄》，頁 124。
〔註39〕請參見盧德嘉：《鳳山縣採訪冊》，頁 427～428。
〔註40〕見盧德嘉：《鳳山縣採訪冊》，頁 430。

受到李受攻閩事件的影響，六堆義民被冠以「粵匪」之名，從此重挫下淡水粵人在官方心目中的地位，朝廷開始意識到原本要藉助客家義民的力量解決動亂問題，卻反而帶來新的地方問題。清政府對於下淡水粵莊這股強勢的地方武力，逐漸產生忌憚防備之心。本文〈請追粵砲議〉正是在此種歷史背景之下所產生的作品，其前半段云：

> 粵莊大砲，自康熙年間存儲至今，進足以攻，退足以守，由來久矣。今粵之所恃，又不在於守，而在於攻。何以言之？粵民籍隸，百餘年來，生聚保養，丁壯累十數萬。自港西上界抵港東盡處，沿山麓八、九十里。美壤膏腴，悉被占住。地據上游，村莊聯絡，聲息可通。大者幾萬戶，小亦不下三、兩千。鑿潤水，環其田閭，常資灌溉。變資守禦，家給戶足，藩籬孔固。以視閩莊之地廣民散，繡壤錯落，鳩聚爲難，痛頭則五方雜處，居社亦四面受攻。雖上下與之毗連，而形勢實未足以相抗。兼之俗雜漳、泉，各存嫌隙，素無首領爲之約束，變無生息可以籌備。臨時烏合，鳩數莊之眾而隸於一隅；攜老扶幼，罄巨家之儲日不暇給，勢難久聚。使移大炮而置之閩鄉，亦屬無用之物。即以近事言之，阿里港合七十二莊頗饒者搬入其中，幾無隙地，財寶堆積，暨本莊生理所蓄，僅足支持月餘。一遇粵、番大至，不能交接一鋒，各思逃散，聽其焚搶屠戮，亦概可知矣。枋寮、水底、畢支尾之所以屢攻不破者，亦自有故。地處極界，左海右山，進則粵莊截其前，退亦無地可逃。隔海瑯嶠，壤屬不毛，逼而處此，無以爲生，勢不得不合心併力，背城借一，以圖固守。淮陰所謂置之死地而後生者也。雖其民慣於捕鹿，鳥槍素嫻，亦其地有以限之。舍此別無他適，愈以作其勇銳之氣。至墳起巨炮，究屬天幸，又非人事之所能預料其必保全也。〔註41〕

本文開始便直接切入主題，提到「粵莊大砲，自康熙年間存儲至今」。首先，有一個問題值得注意，本文提及的「粵莊大砲」從何而來？有學者認爲是朱一貴事件時，官方用來裝備客家六堆，促使粵人協助平亂。〔註42〕此說無法成立。

〔註41〕見盧德嘉：《鳳山縣採訪冊》，頁433～434。

〔註42〕據簡炯仁的推測，下淡水粵人的火砲「可能是朱一貴事件時，清廷用以裝備六堆，『協官』進剿朱一貴，事平之後，留下來給六堆，以褒揚他們的『懷忠』精神。此後，閩客一旦發生械鬥時，六堆就出動這幾門火砲，致使鄰近河洛聚落無法招架，備嚐苦頭。」上述引文參考自簡炯仁：〈「義祠亭碑記」與客家六堆〉，《屏東平原先人的開發》（屏東市：屏縣文化局，2006年），頁287。

因爲在朱一貴亂起時，下淡水粵民先後分成兩股勢力，先是杜君英「在下淡水檳榔林招集粵東種地傭工客民，與陳福壽、劉國基共掠臺灣府庫」，〔註43〕成爲叛亂的一方；而後「三縣義民內有李直三、侯觀德、涂文煊、邱永月、黃思禮、劉魁材、林英泰、鍾國虬、林文彥、賴君奏等謀密起義，誓不從賊」，〔註44〕成爲平亂的一方。當叛亂軍攻入府城後，除了掠奪庫藏金銀外，尚獲得大量軍械物資，藍鼎元記云：

> 群賊攻破臺灣府，蓋朔日午刻也。杜君英先入住總兵官署。朱一貴繼入居臺廈道署。同開府庫，分掠金銀。復開紅毛樓。樓故紅彝所築，舊名赤嵌城，紅毛酋長居焉。鄭氏以貯火藥軍器。四十年來，莫有啓者。賊疑爲金銀窖，故發之，得大小砲位、刀鎗、硝磺、銼鐵、鉛彈如山。〔註45〕

從藍氏所記資料得知，朱、杜從赤嵌樓發掘出昔日鄭氏所貯存的火砲、刀槍、和彈藥等重要軍器。由於這批軍器「四十年來，莫有啓者」，因而政府軍未能及時起出抵敵。後來，朱、杜雙方內訌火拼，杜軍敗走北遁，轉寇臺灣中部，而朱軍則攜帶此批火器揮戈南下，企圖渡過下淡水溪。此時，下淡水三縣客屬豎立「大清」旗號，宣誓效忠朝廷，組成協官義軍，沿下淡水溪列陣與朱軍展開對峙，兩軍戰鬥經過如下：

> （康熙六十年六月）十九日，賊犯萬丹，劉庚甫、陳展裕、侯欲達、古蘭伯率眾拒敵，且戰且守，誘賊至濫濫莊。彼時鍾沐純等率眾從搭樓趕赴前來，繞出賊人之後從北面殺入；劉庚甫、梁元章、古蘭伯、劉懷道等統眾從南面殺入，陳展裕、侯欲達、涂定恩等率眾從東殺出：三面合攻，大敗賊眾。追至淡水河邊，有邱若瞻、艾鳳禮攔河截殺，賊眾無船可渡，溺死及殺死者數千人，餘俱逃散；賊目劉育亦被殺死。義民爲首之涂文煊及鄉壯被賊傷死者一百一十二名。奪得大銃四尊、砂礮四尊、僞劄、僞印、旗號、軍器甚多。
> 〔註46〕

歷經下淡水溪東岸大戰，客家義民軍擊潰閩系叛亂軍，朱一貴事件因此大致

〔註43〕見藍鼎元：《平臺紀略》，頁2。
〔註44〕見王瑛曾：《重修鳳山縣志》，頁344。
〔註45〕見藍鼎元：《平臺紀略》，頁6。
〔註46〕見王瑛曾：《重修鳳山縣志》，頁345。

底定，客家義民戰功厥偉。是役，粵人「奪得大銃四尊、砂礮四尊」，叛亂軍從赤崁樓掘出的火砲成為下淡水義民的戰利品。

此處必須追究的是，這批火砲戰利品後來的處置情形為何？從目前的方志文獻並未見到相關記載，因此無法確知真實的情形。最可能的處置有兩種情形，其一是繳回朝廷，或予以封存、或予以銷燬，則本文的「粵莊大砲」來源必須另當別論；其二是朝廷順勢恩賞給戰功顯赫的義民軍，則該批火砲就是本文所指的「粵莊大砲」。第二種處置情形如果成立，在時間線索上亦與「自康熙年間存儲至今」的說詞相合。準此而言，則與官方事先裝備六堆抗敵的說法出現明顯的時間落差，因為粵人的火砲乃是朱一貴事件後所得。而且，當下淡水「十三大莊、六十四小莊」的粵人立誓起義時，閩督覺羅滿保曾經提到「自五月初十日起，義民與賊隔河對壘，官兵信息莫通」，〔註47〕可知義民在與敵接戰之前，已經無法與官方取得聯繫，遑論受到來自官方的任何奧援，更加證明官方事先裝備說的不可信。

鄭氏認為粵砲進可攻、退可守，而粵人所恃在攻，此說顯然是受到許成事件的影響所致。根據作者的說法，粵人籍臺以來，「百餘年來，生聚保養，丁壯累十數萬」。其實，在朱一貴事件之後，由於下淡水客屬受到官方的刻意褒賞，使得客家族群生態產生巨大轉變。在此之前，下淡水地區客家人的生活情形可以參考藍鼎元的記載，其文云：

> 廣東潮惠人民，在臺種地傭工，謂之客子。所居莊曰客莊。人眾不下數十萬，皆無妻孥，時聞強悍。然其志在力田謀生，不敢稍萌異念。往年渡禁稍寬，皆于歲終賣穀還粵，置產贍家，春初又復之臺，歲以為常。〔註48〕

彼時客家人是「在臺種地傭工」，「皆無妻孥」，且「志在力田」，不敢稍有「異念」。靖海侯施琅在世時，不許粵籍人士渡臺，俟禁令鬆弛後，粵人「皆于歲終賣穀還粵，置產贍家，春初又復之臺」，猶如候鳥般定期遷徙於兩岸之間，這是早期臺灣移民社會的特殊現象，與閩人來此便落地生根於斯土的情形有所不同，「客子」之名由此而來。即使如此，當時客民數目已達數十萬之眾，雖與鄭氏所言客籍「丁壯累十數萬」有不小的差距，卻可旁知粵人已經在臺灣生息繁衍甚夥的事實。究其實，兩者的人口落差在於康熙年間的客家人屬

〔註47〕見王瑛曾：《重修鳳山縣志》，頁345。
〔註48〕見藍鼎元：《平臺紀略》，頁63。

於「流動人口」，而道光時期的客家人乃是「定居人口」。正因爲早期粵人往來流動不定，在生活上具有高度的不安定感，因此客家族群往往聚族而居，團結異常，其村落「多種刺竹數重，培植茂盛，嚴禁剪伐，極其牢密。凡鳥鎗、竹箭無所施，外復深溝高壘，莊有隘門二，豎木爲之。又用吊橋，有警即輾起固守」，〔註49〕可見粵莊「藩籬孔固」的程度甚至超過一般城池。反觀閩人「地廣民散」，兼以漳、泉人士「各存嫌隙」，平日既無首領約束，亦乏生息籌備，遇事臨時烏合，勢將無法持久，鄭氏因此論斷，即使移砲置之閩鄉，「亦屬無用之物」。

接著，作者在本文的後半段認爲「統觀閩、粵形勢，若與對壘，粵即無大砲，亦十有九勝」，洵屬客觀之論，卻有淪於偏見之虞。其內容云：

> 統觀閩、粵形勢，若與對壘，粵即無大砲，亦十有九勝，則粵之不恃此以守亦明矣。而猶藏此者曷故？無論平民私匿軍器有干憲典，即不得已而暗爲預備，亦聊以固吾圉，官長姑爲之原情而不追究，未有形勢十倍於人，猶假保守之名，以陰爲攻搶之具！且不惟暗藏也，昇平無事之日，酬神慶會，砲聲硠硠，震徹縣治，官亦置若罔聞。明目張膽，莫此爲甚。及一旦有變，罄所儲而盡排列於營頭，朝開暮放，閩人一聽，勢不能不早自爲計，搬離數里以避其鋒。閩搬，則粵毀；越搬越毀。毀而至於痛頭人稍聚矣，地稍險矣，則運此爲前驅，略放數聲，以寒人膽，強者必遭轟擊，弱者又復搬空。持此一具，所向披靡，不數日而五百餘社盡變邱墟。職此，爲亂階耳。意者，當日僉呈請追，未將兩地情形逐一條達陳明。泛泛然僅以一偏之利害爲言。無怪制軍猶豫未定，恐遽追後，主客不敵，粵反受制於閩，仍非善後之謀。不然，以制軍之英斷，獨破前此數次義罪賞奸之老例，一一正之典刑，豈背袒護不追，聽後此之復爲暴，使閩人歸咎於己之失算哉？亦有所未了於胸，不得不姑仍其舊，免滋遺議則甚矣。執筆議地方大事，切不可付之不學無識人也。〔註50〕

平心而論，粵人的強大戰鬥力，並非只是因爲「閩人散而粵人聚」的聚落關係，抑或恃砲進攻的戰術施作，而是來自於客家六堆平日所具有的嚴密軍事

〔註49〕 見臺灣銀行經濟研究室編：《臺灣採訪冊》，頁 34。
〔註50〕 見盧德嘉：《鳳山縣採訪冊》，頁 434。

組織，〔註51〕這是鄭氏忽略之處。蓋下淡水粵族在朱一貴事件時所組成的「七營戰鬥體」，立下汗馬功勞，受到官方的鼓勵，從此形成固定的「六堆」武力組織，一旦遭遇地方亂事，即刻「村莊聯絡」轉換成攻守有方的武裝團體。然而，鄭氏亦指出下淡水地區僅枋寮、水底、畢支尾，以及瑯嶠等地，被粵人「屢攻不破」，因為閩人在此無地可逃，「不得不合心併力，背城借一」，當時粵人於此間豈可無用砲。並且，閩人在畢支尾亦掘出巨砲，藉此相抗，「獲民全命」。鄭氏自註云：

> 下淡二里，居縣之半。被粵匪攻不破者，惟畢支尾、水底寮、枋寮三莊。其民慣習鹿銃，稍稍支持，幸人家地墳裂起巨砲一尊，受藥彈甚多，恐不繼，正籌慮問，適郡郊商人運到鉛藥百餘斤，足資抵禦。蓋天不忍此一隅盡受其毒，故不先不後偏來湊巧，俾稍挫其鋒，不至長驅入縣，多損生靈耳。〔註52〕

從引文可知，當閩人能夠併力向前，並用砲抵禦之際，亦可挫折粵人兵鋒，使粵人「不至長驅入縣，多損生靈」。閩人用砲抗粵的事實和經過，黃文儀以詩證史，其〈獲巨砲〉云：

> 巨砲何年物？沈埋沙礫中。斑駁久韜晦，猝獲稱神功。
> 量彈裝斗餘，正苦藥難供。百觔由郡來，一試響徹空。
> 霹靂噴天花，衝突滾火龍。聞之皆膽落，逐寇走匆匆。
> 幸哉此一隅，賴茲免粵鋒。〔註53〕

詩中描述閩人僥倖從地底掘出巨砲，正在煩惱缺乏火藥之際，恰巧臺南府城商人運到鉛藥百觔，遂以砲聲嚇走粵匪的情形。由此可知，閩、粵兩方的勝負關鍵並非全然徒恃攻守之具，而在於兩籍人民的族群凝聚力和戰鬥時的決心，鄭氏於此處顯然自相矛盾，無法自圓其說。

此外，鄭氏提到「無論平民私匿軍器有干憲典」，指出民間私藏武器乃違法情事，即使暗自預備，用以保衛家園，情非得已，官府尚可寬宥其原由。然而，粵人「形勢十倍於人」，卻仍假借保守家園名義，實則將火砲當成攻城

〔註51〕朱一貴事件後，下淡水客莊將戰鬥時的六營改為六堆，各堆推選出大總理、總理、副總理和正副先鋒等若干職位，各有專責。另由各堆推派壯丁三百人，分為六旗，共一千八百人為常備兵員，其組織相當嚴密。上述資料參考自鍾壬壽編：《六堆客家鄉土誌》（無出版地：常青，1973年），頁86。
〔註52〕見盧德嘉：《鳳山縣採訪冊》，頁430。
〔註53〕見盧德嘉：《鳳山縣採訪冊》，頁437。

掠地之具，甚至在「昇平無事之日，酬神慶會，砲聲硠硠，震徹縣治，官亦置若罔聞。明目張膽，莫此為甚」，說法可謂偏頗。因為粵人之火砲，無論是官方事先裝備或戰後因功受賜，皆屬合法擁有，係「康熙存儲至今」。而迎神賽會應景施放，實為造勢之舉，官府「置若罔聞」，亦在情理之內，故將粵砲定位為「私匿軍器」，並不公允。

至於，「一旦有變」，粵砲「列於營頭，朝開暮放」，則是敵我攻防之必然措施。反之，砲在閩方，戰術運用之理當同於此，則粵人亦必「搬離數里以避其鋒」。因此，鄭氏指粵砲「為亂階」，實為偏見。因為火砲無罪，所罪惟人。不過，鄭氏藉由李受攻閩事件，建議官方將粵砲追回，防範「聽後此之復為暴」，卻是相當正確的看法。蓋粵人擁砲自衛，情有可原，惟其恃砲攻搶，罪無可逭。此當為本文論述的重點所在，可惜作者缺乏宏觀的思維，其見不及此。

本文顯然沒有起到震聾發聵的效果，因為官方並未將粵砲追回。咸豐三年（1853），鳳山縣爆發「林恭事件」，〔註54〕粵人用砲依舊，記載如下：

> 咸豐三年六月二十五日，湯得陞稟梟道憲徐公云：為稟請察奪事，竊卑職奉憲臺飭委統帶大隊弁兵，協同安平水師中營，前往鳳屬數次與賊打仗，連擒股首五六十名、匪夥七十餘名，經准曾參將會同鄭署縣分別陵遲斬決，恭請王命正法，其餘大股首林恭等十餘名，擬另行解縣勘辦。但四處雖因克復平靜，奈粵人尚四處伏殺閩人。卑職於此本月二十二、三兩日，會同陳署押司國忠、祝護都司延齡分頭彈壓，諭令撤退粵營。該粵人不惟屢次不遵，尚且逆言欲俟紅頂大憲到地，方肯罷息。卑職等見其所行，情同叛惡，即督同兵勇極力向前押退，該粵人膽敢擅將穿山龍九節連環（此即粵莊大砲，名說見「兵事」下部「請追粵砲議」）施放。卑職等一時未敢輕舉，暫將隊伍撤回陂城。肅稟，伏乞憲臺察奪。〔註55〕

〔註54〕 林恭曾任鳳山縣壯勇，但與游民為伍，遭知縣王廷幹解職，懷恨在心。後趁太平軍攻佔南京之際，在蕃薯寮（今高雄市旗山區）豎旗起事，沿途聚眾搶掠至埤頭縣治，王廷幹召義首林萬掌入助，林萬掌因賞薄不滿，反而掩護林恭入城，知縣王廷幹被殺，臺灣道徐宗幹調候補知縣鄭元杰等人平亂，林恭敗逃至瑯嶠，為林萬掌擒獲送官。上述資料參考自許雪姬、薛化元、張淑雅等撰文：《臺灣歷史辭典》，頁481～482。
〔註55〕 見盧德嘉：《鳳山縣採訪冊》，頁275～276。

從這份官方報告可見，林恭事件平息後，粵人仍不肯撤堆，「尙四處伏殺閩人」，「情同叛惡」。於是，官員率領軍隊前去逼退，卻遭到粵人施放「穿山龍九節連環」，文中註云「此即粵莊大砲」。道光年間，粵人用砲攻閩；咸豐年間，粵人用砲抗官。此時粵人的跋扈行徑，可謂「明目張膽，莫此爲甚」。因此，這份報告對於下淡水粵人的稱謂不再是「義民」，顯見官方對於「懷忠」的六堆客家，在態度上已經有所轉變，這是值得注意之處。特別一提的是，現在萬巒鄉五溝水村仍保有「攻炮城」的古老習俗，據當地口碑相傳在嘉慶、道光年間，五溝聚落每逢收成季節，屢遭生番和閩人襲擊，此係當年村中長老爲砥礪士氣、抵禦外侮而想出的活動，至今已成爲該村特有的慶典。〔註56〕然而，此一民俗活動是否與當年粵砲「穿山龍九節連環」有所關連，值得令人深思。

　　本文寫作的背景，正值下淡水閩、粵族群關係緊張之秋，鄭氏以偏視左祖的觀點行文，只是單方面譴責粵人擁砲自重、恃強凌弱的蠻橫行徑，明顯將下淡水族群失衡的結果都推給粵人，卻隻字未提到「閩欺粵」的諸多事實，試觀其〈剿平許逆紀事（並序）〉所述殺人祭旗、焚莊劫掠的惡行劣跡，包括許成、蘇講、蔡烏羊、張王鹿、花番婆、林和尙、游田舍和張光明等罪魁，都是閩籍人士。〔註57〕全案可以列舉出來的客家人士，僅有李受和曾偉中兩人，而曾氏還只是被李受所利用的人頭。〔註58〕從歷次的閩、客械鬥事件來看，兵燹烽火一起，無論閩鄉、客莊「盡變邱墟」，受害最多的仍是廣大百姓。對此，陳肇興有極爲深刻的感受，其〈感事〉詩云：

　　　　蕭牆列戟究何因，滿眼郊原草不春。

　　　　豈有同仇關切齒，並無小忿亦亡身。

　　　　揮戈舞盾賊攻賊，吮血吞心人食人。

　　　　自愧未能爲解脫，空將兩淚哭斯民。〔註59〕

分類禍事之慘烈，竟至「人食人」的殘酷地步。

〔註56〕參考自尹章義總編纂：《萬巒鄉志》（屏東縣萬巒鄉：屏縣萬巒鄉公所，2008年），頁471。

〔註57〕請參見盧德嘉：《鳳山縣採訪冊》，頁425～433。

〔註58〕曾偉中受到李受的影響，「李受自分不足服其鄉人；邀同立營保莊，並署中軍府印名。迨屢出焚搶，始將名挖去。」上述引文請見盧德嘉：《鳳山縣採訪冊》，頁429。

〔註59〕見全臺詩編輯小組編撰：《全臺詩》第玖冊（臺北市：遠流，2008年），頁207。

本文寫於許成事件之後，旨在建議當局追回下淡水粵人所擁有的火砲，預防六堆客家挾此優勢再度對閩人發動攻擊，以構成地方威脅。此舉或可視為當時知識份子對於官方過度「獎粵」或「寵粵」政策所做的反省與檢討。然而，鄭氏從閩人的本位主義出發，以「弱粵強閩」的片面觀點進行論述，企圖藉此取得閩、粵兩籍勢力的平衡，猶如先前官方長期「扶粵制閩」的不當政策，仍然無法徹底消弭下淡水族群失衡的局面。追根究底，閩、粵兩籍長期積怨和伺機報復，真正的亂源並不在於粵砲，主要關鍵在於官方偏頗的政策和縱容的態度，才是造成族群關係緊張的癥結所在。下淡水族群釀成分類的始作俑者在於官方，而非粵人或粵砲。因此，即便追回粵砲，對於閩、粵族群和諧的形成，仍舊無濟於事。

第四節　列女傳記

自劉向撰《列女傳》後，歷代續有以列女之名作書，惟「列女」之「列」，應解作「諸」，列女即「諸女」之意，劉向所撰列女德行類型，善惡皆有，有賢明貞順者，亦見背棄節義者，總其條目共有七類。〔註60〕其成書動機在於女德善惡，影響國家治亂甚鉅，因以賢妃貞婦興國顯家作為模範，而以孽嬖淫亂禍害亡國作為垂鑑，分類分傳，意在諷諫。而從范曄《後漢書》開始，歷代史書皆錄有〈列女傳〉，但其內容漸偏重於節烈事蹟的表揚。宋明以降，受到理學影響，大倡節義貞烈，對婦德的要求和標準，日趨僵化和嚴格，大多限於女性節義貞烈事蹟的記錄。

清代是中國歷代守節人數最多的時代，為數眾多的女性節烈事蹟被收錄在各地方志，且愈到後期，被記錄的人數愈多，箇中原因牽涉廣泛，不在此探討。最初，在《鳳山縣志·人物》有〈貞節〉，錄阮氏蔭娘等三人事蹟；《重修鳳山縣志·人物志》有〈列女〉，錄黃氏棄娘等一十三人事蹟；及至《鳳山縣採訪冊·辛部》項下〈列女〉，則驟增至一百二十八口。〔註61〕前兩者並無記錄任何屏東地區女性的事蹟，而後者則採集到三十一位港東里和港西里女性的貞孝節烈事蹟，幾佔鳳山縣守節女性總數的四分之一，斯為目前清代屏

〔註60〕劉向所著《列女傳》共七卷，其分類為：「母儀傳」、「賢明傳」、「仁智傳」、「貞順傳」、「節義傳」、「辯通傳」和「孽嬖傳」等，共一百零四人。
〔註61〕見盧德嘉：《鳳山縣採訪冊》，頁279～336。

東列女僅見的相關文獻資料，彌足珍貴。此外，《恆春縣志》亦錄節婦董廖氏一名，〔註62〕同為屏東地區列女。為便於參考起見，茲將屏東列女的所在鄉里、出生朝代、德行事實、貞節時間、表揚情形和錄報人員等整理成「表7－1」，附錄於下。

表7－1：清代屏東地區列女相關資料表〔註63〕

姓名	所在鄉里	出生朝代	德行事實	貞節時間	表揚情形	錄報人員	備註
張雲	港西里濫仔莊	嘉慶	貞孝烈婦	六年	入祀烈女祠，奏准旌表	光緒五年生員陳鳴陽	咸豐七年恩貢生蕭文鳳撰文
吳春榮	港東里海坪莊	道光	烈婦	三年	未奉旌表	生員吳兆漢	
許菊	港西里萬丹街	道光	貞孝婦	已達三十八年	未奉旌表	生員黃天潢	採訪時尚存
蔡菊	港東里莊頭社	道光	節孝婦	已達二十五年	未奉旌表	生員陳超倫	採訪時尚存
林研	港東里東港街	同治	貞烈婦	絕食七日殉夫	未奉旌表	生員洪占春	
高嬌	港西里新園街	道光	節孝婦	三十二年	未奉旌表	生員洪占春	
陳氏	港東里林後莊	道光	節孝婦	四十九年	未奉旌表	生員林玉花	
朱氏	港西里仙公廟	道光	節孝婦	已達二十七年	未奉旌表	生員林培英	採訪時尚存
陳榮	港西里萬丹街	嘉慶	節孝婦	已達六十五年	未奉旌表	生員李恩覃	採訪時尚存
李氏	夫籍廣東嘉應州	道光	烈婦	絕食七日殉夫	未奉旌表	生員陳道南	枋寮巡司梁燕之妻
陳氏	廣東鎮平	嘉慶	節孝婦	五十七年	已奉旌表	貢生劉秉均	

〔註62〕見屠繼善：《恆春縣志》（南投市：臺灣省文獻委員會，1993年），頁297。
〔註63〕本表資料來源參考自盧德嘉：《鳳山縣採訪冊》，頁279～336。

姓名	所在鄉里	出生朝代	德行事實	貞節時間	表揚情形	錄報人員	備註
蕭省	夫籍港東里	道光	節婦	十八年	未奉旌表	生員葉兆華	
劉忍	夫籍港西里	道光	節孝婦	三十五年	已請旌表	恩貢生李精金	
趙道	夫籍港西里	道光	節孝婦	二十七年	已奉旌表	恩貢生李精金	
楊等	夫籍港西里	不詳	節孝婦	三十二年	已奉旌表	生員張簡榮	
羅壬	夫籍港西里	不詳	節孝婦	三十一年	已奉旌表	廩生張簡德	
李稅	港東里七塊厝	道光	節孝婦	三十九年	未奉旌表	生員林培英	
邱妹	港西里長興莊	不詳	節烈婦	三年	已奉旌表	生員張簡榮	
吳絹	港東里嵌頂街	道光	節孝婦	已達二十八年	未奉旌表	廩生蔡聯登	採訪時尚存
葉氏	夫籍港東里	道光	節婦	十九年	未奉旌表	生員洪占春	
林氏	夫籍港東里	道光	節婦	已達三十一年	未奉旌表	生員洪占春	採訪時尚存
蔡氏	夫籍港東里	道光	節婦	已達二十七年	未奉旌表	生員洪占春	採訪時尚存
賴氏	港西里粵莊	道光	節孝婦	十九年	未奉旌表	粵籍舉人李向榮	
蕭陶	港西里崇蘭莊	道光	節孝婦	已達四十一年	未奉旌表	廩生尤和鳴	媳曾柳採訪時尚存
曾柳	港西里廣官莊	道光	節孝婦	已達三十三年	未奉旌表	廩生尤和鳴	蕭陶媳一門兩節採訪時尚存
周氏	港西里林仔內莊	嘉慶	節孝婦	二十六年	未奉旌表獲匾「松筠節操」	生員王作人	

姓名	所在鄉里	出生朝代	德行事實	貞節時間	表揚情形	錄報人員	備註
劉束	港東里大武丁莊	嘉慶	節孝婦	六十七年	未奉旌表	生員林玉花	
賴氏	夫籍港西里崇蘭莊	道光	節孝婦	已達三十六年	已奉旌表	廩生尤和鳴	媵黃氏港西里溪洲莊
賴妹	港西里大埔莊	道光	貞孝女	已達六十一年	未奉旌表	粵籍舉人劉仁海	終身未嫁採訪時尚存
許鸞	港西里田洋仔莊	道光	節孝婦	四十六年	未奉旌表	生員吳聯標	
唐碧	港西里阿里港街	嘉慶	節孝婦	三十三年	已奉旌表光緒七年獲匾「素節徽光」附祀阿侯烈女祠	廩生張簡德	
董廖氏	恆春縣車城莊	咸豐	節婦	一十五年	待旌	未見錄者	

　　從上表資料可知，屏東列女德行項目以節孝婦最多，有二十人，其次節婦五人、烈婦二人，貞孝烈婦、貞烈婦、節烈婦、貞孝婦和貞孝女等各一。出生朝代則以道光年間最多，達到二十一人，其次嘉慶朝六人，咸豐朝一人，同治朝一人，無法判斷者三人。守節時間最長者達到六十七年。獲得官方旌表者有九人（含奏准旌表），其中入祀烈女祠二人。而報錄人員除李向榮和劉仁海兩名粵籍舉人外，餘皆為生員、廩生和恩貢生等基層科名者。

　　關於婦女的表旌，按其身份可分成王室婦女、命婦、營伍婦女和庶民婦女，屏東列女僅枋寮巡司梁燕之妻李烈婦為營伍婦女，其餘皆為庶民婦女。而考核的方式則以婦女的德行事實區分成四種名目，分別是貞、孝、節、烈，臺灣規定亦然。蓋婦女只要符合上述四種標準，即有獲得旌表的機會，其資格認定如下：

　　　一、列女分貞、孝、節、烈四種名目。女曰貞，婦曰節。孝者，婦
　　　　　女善事其父母、翁姑也。烈者，婦女慘遭不幸、奮不顧身也。
　　　　　此須分晰明白。

一、女未字在母家守貞者，曰貞女。已字未嫁而夫死，遂赴夫家守
　　貞者，曰貞婦。女家無男子，女自誓在家守貞、奉養父母終老
　　者，曰孝女。出嫁孝養舅姑代替危難者、婦代夫危難者，均曰
　　孝婦。夫死守節、孝養舅姑、撫孤成立者，或無子而守節終養
　　者，均曰節孝。凡節未有不孝者也。不論妻妾，但年三十以前
　　夫死而守節至五十歲者，或年未五十身故、其守節已及六年者，
　　均曰節婦。

一、夫死以身殉夫者，曰烈婦。遭遇盜賊強暴捐軀殉難者，婦曰烈
　　婦，女曰烈女。力不能拒、羞憤即時自盡者，亦合旌表例建坊。
　　凡婦女貞而兼孝者，曰貞孝；兼節者，曰貞節；兼烈者，曰貞
　　烈；節而兼孝者，曰節孝；兼烈者，曰節烈。各隨其事實變通
　　辦理可也。〔註64〕

至於旌表獎勵的方式，則有賜與匾額、給銀建坊與入祠祭祀等方式。一般的
節婦以贈匾與入祀最為常見，若有孝義兼全且窮阨堪憐的奇節貞特者，除上
述褒揚外，另給銀建坊，烈婦亦得享同等待遇。屏東列女並無建坊者，獲匾
者有二，分別是港西里林內莊周氏和港西里阿里港街唐碧，兩人德行均為「節
孝」，前者匾曰「松筠節操」，後者題為「素節徽光」；此外，入祀者亦二，分
別是港西里濫仔莊張雲和阿里港街的唐碧，而張雲德行項目為「貞孝烈」，張
氏生平事蹟將於下文敘及。至於旌表的標準，亦有條文規定，其明細如下：

一、女許字未嫁而夫死、女往夫家守貞身故及未符年例而身故者，
　　一體旌表。

一、婦女遭寇守節致死，雖事歷年久，准補行請旌建坊。

一、節婦夫死毀容自誓、如令（？）女割鼻之類，近年新例不俟年
　　限即行給旌；如遇此等，亦應開報。

一、本省府廳州縣開報貞孝節烈婦女，請註明某里、某鄉及里鄉戶
　　首姓名、舉貢生監保認姓名，以備查核。〔註65〕

張雲係因符合「女許字未嫁而夫死、女往夫家守貞身故及未符年例而身故者」
的規定而獲旌入祀；至於唐碧則是其夫亡歿之時，「年方十八，遺孤僅歲餘，
食貧作苦，奉舅姑以終，……，享年五十歲，計守節三十三年。子已成立，

〔註64〕見盧德嘉：《鳳山縣採訪冊・採訪案由》，頁22～23。
〔註65〕見盧德嘉：《鳳山縣採訪冊・採訪案由》，頁23。

生孫。」〔註66〕恰恰符合「年三十以前夫死而守節至五十歲者」的相關條件，兼以唐氏撫孤既成，衍及孫輩，可謂功德圓滿，因此獲得當局贈匾、入祀和予旌等連串殊遇。此外，從上述旌表規定可知，官方對於婦女的旌表過程相當重視和嚴謹，不僅要求必須詳細寫明錄取者的籍貫和事實，甚至要求一併註明當地鄉里頭人和錄報者的姓名，「以備查核」。在《鳳山採訪冊‧列女》之後，盧德嘉特別附記「每篇末必云某人報者，皆本人自願作保，以防冒濫也。至採訪不確及無人爲保認者，概不敢登，以昭愼重」。〔註67〕

　　正因官方如此愼重其事，使得社會風氣益發受到鼓勵，對於女性貞節要求達到泯滅人性的地步，嚴重地殘害扭曲女性的生存權利和意志。吳敬梓《儒林外史》曾經生動地描繪老秀才王玉輝迫女殉節的故事，這種事例在中國貞節觀念盛行的時代並不少見。

　　通觀歷代史書所錄的女性節烈故事，大致可以歸納成下列情節。其一、丈夫亡歿，痛不欲生，或有殉夫的行爲；其二、誓言貞節，卻遭到娘家、夫家建議或強迫改嫁；其三、爲表心跡，毀身自殘成爲必然的儀式，輕則斷髮，重則毀容，甚至自經；其四、上奉舅姑，養生送死，下撫孤幼，不遺餘力。〔註68〕有關屏東列女的守節事蹟，多半具有上述情節不一的「行爲模式」，因收錄者多達三十二位，本文無法逐一羅列，僅將屏東列女事蹟依內容歸納成節孝婦和節婦，貞孝婦和貞孝女，貞孝烈婦、烈婦、貞烈婦和節烈婦等三類，分舉數則故事以爲代表，論述於後。

一、節孝婦和節婦

　　節孝婦除了爲夫守節外，還必須有孝養公婆的事實，前文述及的港西里阿里港街唐碧即是一例。此外，港東里萬巒莊陳氏集賢妻、孝媳和良母於一身，亦可爲此類典型，其事尙稱曲折，茲錄於下：

> 節孝婦陳氏，港東里萬巒莊粵民鍾秀清妻也。原籍廣東鎮平人處士
> 陳松柏之女。生於嘉慶丙辰，越甲戌，婦年十九，歸鍾。期年生子
> 楷元，未彌月，鍾即來鳳，業耕種。己卯，復回原籍，與婦聚首，

〔註66〕見盧德嘉：《鳳山縣採訪冊》，頁332。
〔註67〕見盧德嘉：《鳳山縣採訪冊》，頁336。
〔註68〕參考自游惠遠：《宋元之際婦女地位的變遷》（臺北市：新文豐，2003年），頁333。

僅三閏月，旋復來鳳，娶妾蔡氏，年久不歸。婦在家紡績養姑，姑
老且病，婦侍湯藥，夜則焚香籲天，求以身代，或念佛持齋，惟不
入寺觀。及姑卒，哀毀如禮，明年，夫又逝於臺，婦聞訃，大慟，
誓不欲生。族中妯娌以「夫死從子」之義勸之，乃免。時，道光甲
申，婦年蓋二十有九也，自是，撫孤讀書，食貧作苦，毫無怨言。
辛卯冬，攜兒東渡，欲負夫骸骨歸葬。適土寇陳辨作亂，不通往來，
遂家於鳳，竭力耕田，仍命兒從師肄業。久之，應童子試，屢拔前
茅，不售。既而娶媳生孫，猶念念不忘故里。祗以家貧無資，因而
中止。光緒庚辰，婦卒，年八十有五，計守節五十七年，已奉旌表。
孫名宴春，授儘先把總。〔註69〕

全文並未提及陳氏名字，僅知其為鍾秀清之妻、陳松柏之女。從上述引文可
知，陳氏之夫鍾秀清長年滯臺藝田並娶妾不歸，而陳氏則繼續在原鄉紡織事
姑甚殷，夫妻聚首時間未及兩年，其姑病篤之際，茹素祈禱，甚至「求以身
代」。夫婿亡故後，本欲身殉，為族人勸止，含辛課子成立，七年後率子渡臺
欲負夫骨歸梓，不料遇亂受阻，從此落籍鳳山縣。力田之餘，猶命其子向學
課業，並時刻不忘故里，終因家貧乃罷歸事。陳氏年未三十而寡，兼盡婦道
與子道，完節五十七年，兒孫終於成立，獲得官府表彰。值得一提的是，守
節婦女多以紡績或女紅等不履外庭的技能維持生計，而陳氏既是粵籍婦女，
能跋涉來臺且「竭力耕田」，顯見陳氏並非纏足婦女。〔註70〕

　　另外，港西里阿候街龔家婆媳守節同登史冊，為屏東列女僅見。其事堪
表，茲分錄蕭陶和曾柳兩人事蹟於下：

節孝婦蕭陶娘，港西里崇蘭莊武生蕭啓昭長女也。母陳氏，生婦於
道光乙酉，越甲辰，婦年二十，適同里阿候街龔吉為妻。事姑孝，
勤儉治家。生五子，僅存其一。咸豐癸丑，吉被盜殺死，婦年二十
有九，遂矢志養姑、撫子，薄田數畝，不給饔飧，因操女工以佐之。
兒漸長，為娶新婦，纔婚七月，兒暴夭。婦仰天號慟，幾不欲生。

〔註69〕　見盧德嘉：《鳳山縣採訪冊》，頁 311。
〔註70〕　纏足是清代臺灣婦女普遍的履飾，日治初期猶存，惟纏足之風僅限於閩籍婦
　　　　女，粵籍女性因勞動的關係，多半未染此風。臺灣婦女親耕的情形並不少見，
　　　　尤以客家婦女為著，因為「漳泉婦女大都纏足，以小為美。三寸弓鞋，繡造
　　　　極工。而粵人則否，耕田力役，無異男子，平時且多跣足。」上述引文見連
　　　　橫：《臺灣通史》（臺北市：眾文圖書，1979 年），頁 604。

幸新婦孝，日勸慰之。過數月，新婦生女，不得已，立族姪爲繼。
比長，又不守子道，家產蕩然。姑媳二人，苦況難堪，而其志終不
少挫。現年（甲午）七十歲，未奉旌表。〔註71〕

節孝婦曾柳娘，港西里廣官莊武生曾世歷次女也。生於道光辛丑，
越咸豐辛酉，婦年二十有一，適同里阿候街龔水（即龔吉子）爲妻。
結褵七月，即賦離鸞。姑蕭氏（即蕭陶娘），搶地呼天，悲悼欲絕，
婦反含淚勸之。姑知其有六月身，日望抱孫甚切，至期又不幸生女。
過數年，姑與婦各螟一子。姑之子名太山，遊蕩無度，婦之子名含
章，長俾業商，又沒於水。一門兩節，磨礪益堅。姑已七旬，婦春
秋亦五十有四矣。未奉旌表。〔註72〕

從上述兩則引文得知，龔家三代男丁相繼遭到橫死，第一代龔吉「被盜殺死」，
第二代龔水「纔婚七月，暴夭」，第三代養子含章「長俾業商，又沒於水」，
蕭陶和曾柳兩人命運可謂多蹇。龔水暴卒，曾柳已有身孕，卻「不幸生女」，
在重男輕女和繼承香火的壓力下，蕭陶不得已立族姪太山爲繼，惟乃子不肖，
「家產蕩然」、「遊蕩無度」，致使婆媳二人「苦況難堪」。龔家婆媳同臨早年
喪偶、中年喪子的不堪境遇，人生淒楚莫此爲甚，雖曰「一門兩節，磨礪益
堅」，見諸翰墨，得有令名，實則卻是記錄兩代寡婦白髮人送黑髮人的家庭血
淚史。

在歷代列女事蹟中，盡節孀居而育子有成的女性，幾乎都能夠名垂史冊，
甚至爲閭里宗族帶來榮耀，獲得「松筠節操」匾之周氏即是如此，其事如下：

節孝婦周氏，港西里林仔內莊人，生於嘉慶辛未，越道光戊子，年
十八，適同里阿候街武生龔維春爲妻。善事翁姑，克循婦職。己亥，
夫故，婦年二十有九，僅遺一孤，家頗小康，遂慨然以婦代子，侍
奉桑榆，承歡菽水，親見其孤入邑武庠。孤名進義，於咸豐己未與
試秋闈，始以其情稟請督學憲徐公，蒙賜「松筠節操」匾額，里人
榮之。同治甲子，婦卒，年五十有四，計守節二十六年，未奉旌表。
光緒己丑，其孫鍾英，亦入郡庠。〔註73〕

周氏在夫婿病故後，孝養翁姑並裁成其子，「入邑武庠」。咸豐九年（1859），

〔註71〕見盧德嘉：《鳳山縣採訪冊》，頁327。
〔註72〕見盧德嘉：《鳳山縣採訪冊》，頁327。
〔註73〕見盧德嘉：《鳳山縣採訪冊》，頁328。

其子參加武舉科考，刻意將其母節孝事蹟秉告有司，獲得當局賜匾表揚，「里人榮之」。從「里人榮之」可知，守節的價值對婦女個人而言，已不全然是獨立存在的意義，可以延伸成爲夫族和鄉里的共同榮耀。而子彰母德，以及官府的給匾獎勵，則同時具有凸顯「夫死從子」和「母以子貴」的意涵。

節孝婦在夫婿亡歿後，大抵皆有奉舅姑、撫孤弱的制式事蹟。其餘節孝婦事蹟約略同此，如港西里新園街高嬌「以紡紗得值，上奉舅姑、下撫孤兒」；港東里七塊厝李稅「僅遺三歲孤兒，立志奉親撫子」；港東里嵌頂街吳絹「苦志霜守，撫孤子成立。二老在堂，孝養不衰」；港西里田洋仔莊許鶯「竭力以女工佐之，翁姑、幼兒賴以溫飽」。

節婦的事蹟與節孝婦相近，守節重點在撫孤成立的事實，茲以恆春縣僅見節婦董廖氏爲代表，其事如下：

> 董廖氏，車城民人董仙義妻，待旌。據采訪錄：「廖氏父岳，母林氏，恆之車城莊人。光緒元年，氏年十八歲，于歸仙義爲正室。五年，仙義卒；子光輝，甫四齡，翁姑亦相繼卒。家貧，售衣營葬如禮。撫養孤兒，茹苦含辛，始終矢志靡他。光緒十九年卒，是年三十六歲，計守節一十五年」等語。查董廖氏貧少婦，能明大義，節操冰霜。事翁姑，不失養送之儀；撫孤兒，克盡義方之教。洵屬巾幗完人，足以訓方型俗。計其守節年分，核與旌表之例相符，除由縣詳情外，應即載志，以彰潛德。〔註74〕

恆春縣因設治時間尚短，縣書付梓時，僅錄得董廖氏事蹟。廖氏在翁姑相繼謝世後，雖然家貧，卻未易節他嫁，「撫養孤兒，茹苦含辛」，卒年三十六歲，守節一十五年，被美讚爲「巾幗完人」，即使「計其守節年分，核與旌表之例相符」，卻因董廖氏早卒於錄訪之前，其事蹟只能「載志」以存，無緣獲贈牌匾等殊遇。其餘節婦事蹟約略同此，如港東里油車莊節婦蕭省「甘心孀守，撫孤子成立」；港西里萬丹街節婦劉忍「鞠育遺孤，身心交瘁」；港東里海坪莊節婦林氏「立志不移，撫孤祭祀」；港東里巷仔內莊節婦蔡氏「矢志孀守，撫孤長成」。其中，劉忍因守寡時年僅三十，守節計三十五年，合乎請旌的規定，因此「已請旌表」。

〔註74〕見屠繼善：《恆春縣志》，頁297。

二、貞孝婦和貞孝女

　　屏東列女有貞孝婦和貞孝女各一，兩貞女事蹟皆與孝親和撫嗣有關，先言貞孝婦許菊，次述貞孝女賴妹。許菊事蹟如下：

> 貞孝婦許菊娘，港西里萬丹街農民許德長女也。母陳氏，生婦於道光壬寅年，九歲，適港東里下林仔邊街黃登侯次子大成爲幼婦。性敏慧，能得翁姑歡。家中大小和睦無間言。咸豐丙辰，翁姑方議成婚，而大成遽卒。時，婦年僅十有五歲，號慟幾絕，既念翁姑年老乏人侍奉，且未爲夫立嗣，遂不忍死。伯大順，憫婦孀守，爰以一男爲之嗣。男名茂生，時誕育僅七月耳。婦自是苦志撫孤，不遂世俗往來，即歸寧母家亦爲僅事，鄉里賢之。同治壬申，翁沒。光緒壬辰，姑沒。婦均哀毀盡禮，家僅中資，出入一聽伯經理，婦絕不與聞。現年（甲午）五十有三，子已成立，得孫四人，未奉旌表。
> 〔註75〕

先是，許菊九歲時許配給黃大成爲妻，而其夫卻在「方議成婚」時猝逝，因念及翁姑年老且未爲夫立嗣，「遂不忍死」。鑑於許氏已字未嫁而夫死，仍往夫家守貞而無子，夫兄「以一男爲之嗣」，「自是苦志撫孤」，日後盡大孝於翁姑，遂爲「貞孝婦」。其實，許氏事蹟的重點在於「爲夫立嗣」，因爲夫兄大順尚存，顯示年老翁姑並非奉養乏人。一般而言，婦女守節的生活形式，通常是「奉姑撫子」的情形，使亡夫直系家庭得以延續，但在夫死無子的情況下，往往會從夫族挑選宗嗣過繼給未亡人，其根本用意乃在鼓勵或鞏固孀婦「守節」的存在價值，許菊撫孤的例子即是如此。本則故事最後提到「家僅中資，出入一聽伯經理」，可見許菊守寡生活並非陷入「苦節」，至少在經濟方面是不虞匱乏的，而且透過立繼的辦法，可以爲自己這房（黃大成）留下後代，其背後含有繼承和分配家族財產的意義。

　　賴妹事蹟則是另一種典型，其事如下：

> 貞孝女賴妹娘，港西里大埔莊粵民賴興長之女。生於道光甲午，父早卒，立志守貞。咸豐庚申，女年二十有七，會閩、粵、番三屬械鬥。其兄以槍傷斃命。時，大父復老，年逾古稀，寡母黃氏，亦五旬餘。女憫二老無依，自願終身不嫁，偕母作苦，孝養其祖，兼撫

〔註75〕見盧德嘉：《鳳山縣採訪冊》，頁292。

其兄子戊郎，卒以成立。光緒丁亥，戊郎又復夭，其妻再醮去，女
又撫其孤子，今已八齡，可望延祀一門。五世賴女維持，厥功偉矣。
現年（甲午）六十有一，未奉旌表。〔註76〕

賴妹終身未嫁，斯為貞女，其事蹟重點並非堅貞守節，而是孝慈。蓋賴妹之
父早卒，且其兄長在咸豐十年（1860）的分類械鬥殞命，當時賴家的情形，
上有年逾古稀的祖父和五旬寡母，下有兄長稚子，祖孫共計四代，賴妹奉老
撫孤，可謂既孝且慈，其事功不遜於節孝婦女，故一併收錄於冊，具有隆重
孝道之意。光緒十三年（1887），其姪亡故，又撫八歲姪孫，五代全繫於賴妹
一身。光緒二十年（1894），當局採集其事時，賴妹猶在世，儘管存續一門香
火，「厥功偉矣」，卻尚未獲得官方表揚。

三、貞孝烈婦、烈婦、貞烈婦和節烈婦

　　一般而言，烈婦是指夫死以身殉者；兼節者，是為節烈；室女殉夫，是
謂貞烈。朝廷為鼓勵女性貞節決心，對於因守節而死難者予以寬貸，無論時
間久遠，一概准予補行請表建坊，特別是「力不能拒、羞憤即時自盡者」，亦
得表揚建坊。屏東烈婦有二，貞孝烈婦、貞烈婦和節烈婦各一，諸婦俱以身
殉夫，茲併為一，分述如下。

　　首先是貞孝烈婦。由於張雲事蹟乃屏東列女故事篇幅最長者且立傳者僅
此一則，餘者皆名為「事實」，情節極為特殊，茲錄其全文於下：

貞孝烈婦蘇門張雲娘者，港西里濫仔莊民張詒諸第四女也。嘉慶戊
辰八月十六日生，襁褓中笑啼喜怒不類群兒，稍長，秀外慧中，瀟
灑出塵，周旋膝下，能當父母意。聞兒輩讀書，自恨身為女子，不
得與讀。嘗云：女子以無才為德，不宜有所表見。是以韜匄光匿跡，
日在家人姊妹間，而初不見其奇也。父母家頗饒，以兒女成行，艱
於鞠育，遂許配本里龜屯莊蘇扁之長子玖郎為幼婦，擇吉過門。濫
存、龜屯，莊既比鄰，父母翁姑又素相契密，往來無間，然猶未成
婚也。道光壬午，玖郎殤，時雲娘年僅十有五，哭之慟。父母翁姑
咸勸慰之。雲娘故孝順，恐傷翁姑父母心，因勉強節哀。然自此不
言歸寧矣。父母或強之返，延刻即還，不留一宿。父母慮其年少，

孀守為難，語涉再配事。雲娘指誓天日，以明之死靡他。且言兒本
來獨居，自然無苦。父母知其志不可奪，聽之。翁姑察其無去志，
愈加鍾愛。越六年，翁姑惑於俗論，議以雲娘再配其次子某。婚有
日矣，雲娘知不可諫，不動聲色，若為從令也者。裁製完備，諸事
妥帖，先期三日，雲娘陰換新服，且將新郎之衣籍其木主之下，而
莫之知也。乃向其姑託言連日勞頓，倦甚思睡。勿令攪擾，遂閉門
而入，上床垂帳。頃之，呼喚不應，推門入視，則抱玖郎木主於懷，
端坐而逝。時，道光八年戊子夏四月初八日也。距生於嘉慶戊辰，
享年蓋二十有一云。論曰：語有之，慷慨捐生易，從容就義難。兼
而有者，其惟雲娘乎？以彼天生性質，使易為鬚眉丈夫，得稱其志
氣，其震地驚天之事業，當不勝屈指。乃身為女子，至以無才為德，
不宜有所表見。殆如仙佛現身，俯視人間名教事，一行雲流水之自
然，而無所矜心作意於其間乎？及其殺身成仁，舍生取義，嚴霜冷
雪之操，出以霽月光風之度，存萬古之綱常，固千秋之氣節，樹乾
坤之柱礎，建閭閻之干城，斯何如行誼哉！而一沒於婦人女子之自
晦，一掩於庸眾習俗之愚頑，遂使卅載之潛德，將微一旦，而幽光
始發，知天下古今女中夷惠，其湮沒於荒陬僻壤間者，何可勝道？
能不悲哉（咸豐七年恩貢生蕭文鳳撰）！光緒五年生員陳鳴陽、江
元徽以其事稟請前邑侯饒公，准予崇祀烈女祠，並於本邑儒學馮公
任內稟報赴部彙案請旌，蒙奏准在案。（生員陳鳴陽報）〔註77〕

本文傳主張雲為港西里濫仔莊人士，生於嘉慶十三年（1808），卒於道光八年
（1828），其德行諡曰「貞孝烈」，意即同時兼具完貞、孝順且殉夫等事實。
據本文敘述可知，張氏的特異氣質在嬰兒時期便顯現出來，「襁褓中笑啼喜怒
不類群兒」。長大後，雖以女子無法讀書為憾，卻謂「女子以無才是德」。此
一想法，其實是壓抑自己與生俱來的求知慾望，顯示張氏受到傳統男尊女卑
觀念的影響甚明。自古以來，「女子無才便是德」的說法始終是女性接受教育
的一大阻礙，即使主張婦德「不必才明絕異」的班昭，其用意並非在禁止女
性讀書識字，而是要求婦女「清閑貞靜，守節整齊，行己有恥，動靜有法」。
〔註78〕惟「女子無才為德」的觀念發展到後來，卻成為桎梏女性全人發展的

〔註77〕見盧德嘉：《鳳山縣採訪冊》，頁282～284。
〔註78〕見范曄：《後漢書》（北京：中華書局，1973年），頁2789。

無形枷鎖。張雲後來許配給通家之好的蘇家長子玖郎，等待擇期過門。未幾，玖郎病逝，張氏「之死靡他」，矢志守貞，時僅及笄之歲。六年後，蘇家意欲將張氏再配其次子，張氏「知不可諫」，「若爲從令」；及至婚前三日，竟「抱玖郎木主於懷，端坐而逝」。

通篇結構爲前述後論，最大特色在於傳文之後仿效史家者言，對張氏行誼進行評論，爲鳳山縣列女書寫所僅見。原文作者蕭文鳳認爲張氏「天生性質，使易爲鬚眉丈夫，得稱其志氣，其震地驚天之事業，當不勝屈指」；對其不二適而自殺殉夫之舉，盛讚爲「存萬古之綱常，固千秋之氣節，樹乾坤之柱礎，建閨閫之干城」。光緒五年（1839），生員陳鳴陽、江元徽將張氏事蹟錄報代理知縣饒世緱，「准予崇祀烈女祠」，並由鳳山縣學官馮廷桂彙整向禮部奏准旌表。

其次，是港東里海坪莊吳烈婦事蹟，其文如下：

> 吳烈婦諱春榮，港東里海坪莊農民吳寮次女也。母曾氏，生婦於道
> 光乙巳。越同治丁卯，婦年二十有三，適同里東港街武生沈廷榮爲
> 妻。翁五湖，姑許氏，婦承順以禮，有叔三人，亦賴婦撫養。同治
> 庚午六月夫卒，婦年二十有六，遺孤尚未週歲，婦哭之慟，時有殉
> 亡志。翁姑防之密，父母慮其有引，決意迎歸，勸慰之。婦曰：吾
> 從夫而死，義也。父母毋戀我。因預言死期，至期，果從容服洋煙
> 而逝。顏色如生，笑容可掬。時庚午七月二十日也。子名保成，今
> 已成立。未奉旌表。〔註79〕

吳氏于歸，翁姑季叔皆仰賴之。其夫歿後，時有死志，謂殉夫爲義，並且預言死期，到了預言日期，「果從容服洋煙而逝」。文中洋煙即鴉片，吳氏就殉守義的行爲，令人感到無奈，因爲翁姑在堂、遺孤尚幼，生者頓失所賴。而充滿儒家教條思想的作者，猶描述吳氏從容就義，死後「顏色如生，笑容可掬」，企圖藉此塑造其「求仁得仁」的理想形象，卻將殉節者服毒自殺的殘酷事實予以淡化。

另一起烈婦殉夫的例子，乃枋寮巡檢梁燕之妻李氏。〔註80〕其文如下：

〔註79〕見盧德嘉：《鳳山縣採訪冊》，頁 291～292。

〔註80〕梁燕爲廣東嘉應州人士，以監生身份捐官得從九品，光緒初年宦遊來臺，任職枋寮巡檢期間曾履及恆春縣，並將當地八處地景賦成一律，題壁於西門三山國王廟，斯爲最早的恆春八景詩。

> 烈婦李氏，署枋寮巡檢梁燕妻也。燕原籍廣東嘉應州，由監生報捐
> 從九；光緒二年六月，署福州五虎巡檢，九月卸篆，旋奉委解軍裝
> 來臺。時，南路統領觀察方公愛其才，留營差遣，歷辦保甲團防暨
> 坐探等差。於光緒四年三月，奉臺灣道憲夏公檄，委鳳山縣典史。
> 於六月間，調署枋寮巡司，兼辦招撫局事件，積勞成疾，竟於九月
> 二十五日卒於官。年三十有七。其子兆蒸，年甫十九，隨侍在任，
> 目擊慘情，一慟而亡。婦痛夫、哭子，誓不獨生，絕粒七日而殞，
> 年三十有五。時，十月朔日也。里內紳耆稟報鄧邑侯存案。〔註81〕

梁燕因公殉職，其子悲傷過度，竟「一慟而亡」。不及一個月，李氏迭遭柏舟、
西河之痛，歷經常人無法承受的慘痛打擊，「誓不獨生」，因此絕食七日而亡。
這則節烈故事旨在記錄李氏殉夫的事蹟，同時使人見到梁燕一家在臺灣異鄉
家破人亡的悲慘遭遇。

　　另一位以激烈的絕食方式而殉夫就義者，為港東里東港街的林研，茲錄
其事如下：

> 貞烈婦林研娘，港東里東港街商民林六長女也。母謝氏，生婦於同
> 治己巳，越光緒丙戌，婦年十有八，許字本街商民王連長男穆為妻。
> 丁亥，穆病卒，研娘在父家聞變，哭泣盡哀，請奔喪，弗許。因立
> 志願以身殉，家中人百端勸解，終不能挽。父母欲奪其志，竟將姻
> 事再許他家，研娘知之，朝夕啼哭，飢餓七日而死。時，年蓋十有
> 九也。遠近聞之，莫不欽其烈，而哀其遇云。未奉旌表。〔註82〕

梁燕妻李氏與林研雖以同樣的方式殉夫，惟在「貞節」和「禮法」之間的意
義卻有所差距。蓋李氏係因家毀而身殉，而林研殉節時為已聘但未嫁的女子。
古代禮法對婦女的約束有所謂的「三從」，即「在家從父」、「出嫁從夫」和「夫
死從子」，守節婦女對於「從夫」過於執著的結果，動輒使得禮法系統失去平
衡，如未過門的女子不從父命，自己堅持原始的婚約到夫家守節；已嫁有子
的婦女，甚至可能拋下年老的翁姑和年幼的遺孤，毅然「從夫於地下」。對此，
明代文人歸有光認為「女未嫁人而為其夫死；又有終身不改適者，非禮也。」
〔註83〕由於林氏尚未完成「婿親迎」的婚禮儀式，即使有婚約在身，卻未出

〔註81〕見盧德嘉：《鳳山縣採訪冊》，頁307。
〔註82〕見盧德嘉：《鳳山縣採訪冊》，頁300。
〔註83〕見歸有光：《歸震川全集》卷三〈貞女論〉（上海：古籍，1981），頁58～59。

閣過門，仍屬室女的身份，與未婚夫依然有「男女之別」、「廉恥之防」的界線，依「三從」之禮仍在「從父」的範圍，而非「從夫」，既然「義不及夫」，擅自決定爲王穆守節或是殉死都是「非禮」的行爲。因此，林研「立志願以身殉」和「飢餓七日而死」的行爲，就有值得商榷的空間。然而，李氏夫死子亡，人生已無可「從」的對象，其殉夫的行爲並不悖禮。準此而言，前文述及的貞孝烈婦張雲雖已許配蘇玖郎，「猶未成婚也」，仍執意爲夫守寡，後來抱夫神主死節，其行過中，過猶不及，亦屬「非禮」。

在殉節的例子中，尤以港西里長興莊邱妹的事蹟最爲奇特。茲錄其文如下：

> 節烈婦邱妹娘，港西里中冷莊（即長興莊）邱番三女也。年二十，
> 適港東里萬巒莊李天錫爲妻。事翁以孝聞。二十八歲，夫故，翁尚
> 在堂，兩孤俱幼，婦孝養不衰，勤撫二子。一日，翁外出，忽有狂
> 且乘機調戲，婦正言絕之，狂且乃去。後偵知其翁不在，復來強迫，
> 婦羞憤不從，投繯而死。時，年三十歲，計守節三年，已奉旌表。

〔註84〕

邱妹是屏東列女僅見的節烈婦。邱氏遭人調戲，「羞憤不從，投繯而死」，此爲本文特殊之處。這裡有一個問題頗值探究，乃在於婦女守節和殉節的選擇。邱氏受侮選擇殉節，在道德實踐的層面，誠屬難能可貴，此舉勢將爲個人和家族贏得社會稱頌；只是在現實生活的層面，邱氏自盡後，遺下夫翁和兩孤，撫養乏人的結果，更可能帶來對生者的傷害。然而，自宋元以降的社會氛圍對於貞節烈女的道德要求已經日趨僵化和窄化，當婦女遭寇力不能拒時，在應守與應殉之間，其實沒有多餘的選項，只能採取過激的行爲，被迫選擇殉節守義一途，除此別無他法可圖。不然，將會使自己和夫婿兩方家族蒙羞而惹來非議。這起事件顯示昔日守節婦女沒有充分的自主生存權利，爲了體現傳統禮教的道德精神，殉節往往是對應著某些特殊時機或事件的必要行爲。本文並未進一步提到當日騷擾邱氏的狂徒下場，僅交代烈婦生年、守節時間和表揚情形。蓋邱氏案例特殊，節婦受屈而死的事件，每每受到當時社會的注目，有時甚至驚動皇帝親自下旨處斷，「以勵女貞」，明代著名的莊烈婦一案即是顯例。〔註85〕本地有

〔註84〕見盧德嘉：《鳳山縣採訪冊》，頁 320。
〔註85〕莊烈婦一案，大致經過是莊氏與夫吳金童、夫兄吳祈避寇到新會，住在劉銘家，結果劉銘夥同梁狗覬覦莊氏美色，莊氏卻力拒不從，因此兩人合謀，趁

司在「表貞」之餘，卻未見到「懲兇」動作，箇中原因著實令人感到費解。

　　總觀上述列女事蹟，可以觀察到記錄撰寫者皆為具有基層功名的知識份子。蓋節烈故事的記錄與流傳，必須仰賴知識份子的採集和書寫，特別是通過具有科考功名的士子書寫，使得貞節烈女不再是隱蔽於社會各個角落的婦女，在社會上擁有一個特出的位置，代表貞節烈女受到權威人士的肯定，同時也含有「移風俗、美教化」的社會作用。然而，由於受到旌表的婦女畢竟只是相對少數，絕大多數的貞節烈女並未受到朝廷旌表，惟通過士大夫的稱頌與書寫，在某種程度上，已經具有彌補國家表揚制度不足的意義。

　　而本地的節烈故事大量出現於嘉慶朝以後，此與屏東書院的設立有相當的關連。書院在清代臺灣從移墾社會邁向文治社會的過程中，肩負培育地方人才的重要功能，而在地文人的崛起，有助於當地文化的推展，參與屏東列女事蹟錄報工作的廩生尤和鳴便是出身於屏東本地的文人，尤氏在日治時期為了延續漢文化薪火，出而創立屏東地區第一個傳統詩社——礪社，有關尤氏的生平事略和礪社的發展始末則不在此贅述。〔註 86〕嘉慶朝以前，由於鳳山縣的官學和書院等教化機構均設在高雄平原，知識份子為汲取功名，薈萃人文於此地，而鮮少將眼光聚焦於下淡水地區，故本地列女事蹟尚無法順利得到官方的採集和認可。是以，在此之前並未見到任何有關屏東貞節烈女故事的記載，考諸《鳳山縣志》和《重修鳳山縣志》兩部志書，只有記錄高雄地區的列女事蹟便可得到印證。直到嘉慶二十年（1815），下淡水地區成立屏東書院後，逐漸培養出具有基層功名的知識份子群，在官方纂修史書的要求之下，經過在地文人的採訪和撰寫，本地列女的節烈故事從此開始被「看見」，而收錄於史冊傳諸後世。

　　綜而言之，貞節烈女的敘事內容，多半強調守節婦女在艱困環境中，努力完成「奉翁姑、撫遺孤」的行為模式，為了維繫夫族的直系血脈和繼承家

　　　　吳祈出外傭工時謀殺金童，對莊氏謊稱溺死，莊氏發現是謀殺後，估計無法以一己之力報仇，遂抱夫屍投水自盡。夫兄吳祈自外地歸來，上訴官府，刑部員外郎馮俊恰在當地審案，認為此案「事關勸懲，特為具奏。」憲宗亦認為「賞善罰惡，國之大政，不可偏廢，今一事而二義與焉。」遂下旨將劉、梁二徒梟首，並立石旌表莊氏，「當時士大夫皆有詩以輓」。上述事略參見中國科學院圖書館選編：《萬曆・雷州府志》卷十九〈貞女志〉（北京：中國書店，1992 年），頁 424～425。

〔註 86〕尤和鳴，字養齋，有關其生平事略可以參見蘇全福：《屏東縣鄉賢傳略》（屏東市：屏縣文化，1997 年），頁 15。

族的財產利益，尤以撫孤成立為要務，不惟節婦如此，守貞孝女亦然，即便是一門兩節的阿候街龔家婆媳，在夫族男丁相繼凋零之際，仍試圖以螟養假子的方式為嗣，在在凸顯傳統父系社會對於宗嗣問題的重視。但是在貞節的課題之前，養老送終和延續香火等情事仍有被放棄的可能性，如為了表示盡節或對抗強暴的諸烈婦，在面對已然僵化的禮教約束和道德實踐壓力時，往往選擇以激烈的方式殉夫就義，顯示守節婦女的自我生存權利已經被嚴重摧殘到泯滅人性的地步，屏東列女事蹟可見例證。

其實，在男性掌握詮釋權力的時代裡，舉凡朝廷的表揚行動和貞節烈女的傳寫，固然有助於官方善善惡惡的風化事業，卻在潛移默化之中，直接或間接地制約女性的道德思維，將守節和殉夫的觀念凝固成為一種信仰，巧妙地將「典範」轉移成為「規範」，斯為家父長權威思想主導下的時代產物，屏東列女事蹟的書寫只是其中一端。

小　結

清領時期臺灣民變頻仍，族群不合為主要原因之一，社會環境改變，常會衝擊到文學生態，散文題材也會隨之轉變，這是文學與社會互動的結果。屏東地區在清朝中葉以前的散文，以官方文書為主，所言內容與民變、族群有關，即使是來自民間的鄭蘭所作，仍與族群主題脫離不了關係，顯示當時屏東地區族群問題的嚴重性。覺羅滿保的奏疏，旨在表述下淡水義民的貢獻，暗中沖淡藍廷珍的戰功，充滿政治機心，惟客家族群的社會地位從此得到提升，同時加深臺灣族群分化的社會問題，此為本文所帶來的後遺症。藍鼎元的文告，雖然迅速平息一場方興未艾的族群械鬥，卻無法縫補療癒族群之間的傷痕，對於族群問題僅止於治標作用，根本問題並未獲得真正的解決。鄭蘭的議論，乃基於閩人本位主義出發，以仇粵的心態提出建議，其見解只是「見樹不見林」的狹隘想法，並非全然客觀公允，卻在某種程度上反映出官方長期以來對於治理閩、粵族群策略的錯誤之處。屏東列女的事蹟經過本地科舉社群的採錄，得以見諸於後世，其中隱藏許多當時女性的斑斑血淚，在官方刻意的美化和教化之下，竟成為婦女的典範和規範，嚴重地扭曲女性的價值觀。

從作者的身份背景而言，覺羅滿保為封疆大吏，藍鼎元則是族兄南澳總兵藍廷珍的發言人，鄭蘭和屏東列女事蹟的作者群，雖然沒有擔任官職，卻

具有基層科舉功名。覺羅氏和藍氏為宦臺人士，鄭蘭和列女書寫的作者群均為科舉士子，而宦臺人士本身也是科舉出身，故在寫作的思考模式上，這些作者皆無法跳脫「務關治理」和「闡道明德」的範圍。因此，在執政當局的要求和篩選之下，無論是奏疏、文告和議論等作品，甚至是列女紀事書寫，莫不透顯出濃厚的官方思維色彩。總觀這些作品的主要目的在於政事和教化，無法進一步呈現出多元的寫作風格，必須等到後日私家文集的發掘，方可更全面地觀察到本地散文的風格和特色，此為清領時期屏東散文的侷限之處。

進一步言，本章所錄有關屏東地區的散文作品皆來自方志，都不是抒情文，而是應用文，且傾向於官方的公文和文獻居多。然而，這些作品卻用文學表達的手法真實記錄當時屏東地區具體的人物和事蹟，從書寫的內容可以看出作者想要表達的人、事或動機，反而達到文學創作之真。因此，這些作品所提供文學詮釋的廣闊空間，值得後人探討。

第八章　清領時期的碑記

　　碑文是中國古典文學的重要文類，《昭明文選》即有「碑」一類，選錄五篇碑文，而《文心雕龍・誄碑》則提到碑的由來，因為「庸器漸缺，故後代用碑，以石代金，同乎不朽」，可見碑的用途類似青銅器的銘文，所記事蹟必為值得傳之不朽者。由於碑文主要目的在「記事」，記述項目繁多，包括紀功勳、述祖德、贊政績、彰律令、明學術、闡宗教、理水利、界疆域、避邪穢、鎮妖魔等，故中國境內碑碣遍地，儼然為中國文化特色之一。〔註1〕由於中國立碑風氣歷久不衰，漢人移民將此風移植至臺灣。

　　臺灣碑碣就內容及功用可以概分為沿革碑、紀事碑、頌德碑、捐題碑、示禁碑、造像碑等類，寫下政經建設、開疆闢土、旌功頌德、災害殉難、文教薪傳、社會組織、宗教民俗、社會檔案、戰事遺跡和書法文采等內容。〔註2〕臺灣立碑的地點，包括寺廟、祠堂、衙署、宅邸、公園、廠舍、墳塚、交通要道、河川橋樑、田園埤圳，甚至是高山峻嶺，皆可見到碑碣的蹤跡，其中尤以寺廟最多，此與寺廟為清代臺灣民眾最常聚集的公共場所有關。交通要道多沿革碑或捐題碑；寺廟、祠堂和書院多立沿革碑、紀事碑和捐題碑，示禁碑亦常見於此；墓地亦多示禁碑，作用在保護公墓塚地，不僅可以達到對生人的示禁作用，同時也安息黃泉幽魂。田園埤圳亦常見示禁碑，為了土地開發、確保水利順暢、農作收成，因此報請官府給示嚴禁，以安農事。

〔註1〕見何培夫：《臺灣碑碣的故事》（南投市：臺灣省政府，2001年），頁12。
〔註2〕見曾國棟：《臺灣的碑碣》（台北縣新店市：遠足文化，2003年），頁29。

有關臺灣碑碣的整理與記錄，始於清代臺灣方志。自高拱乾纂修《臺灣府志・藝文志》以降，〔註3〕各地方志紛紛將碑碣內容收錄於史冊，以備來日修志所用。時至今日，歷經清代、日治和國府等時期，前人已彙編多種碑碣專書，目前成果最為完備者，首推何培夫所編十六部鉅冊之《臺灣地區現存碑碣圖誌》，堪稱臺灣碑碣之大全。何氏受國立中央圖書館臺灣分館所託，採拓民國七十年以前的碑碣，用以充實臺灣史料的典藏。該套書以當代行政區域為編冊依據，本地碑碣收錄於《臺灣地區現存碑碣圖誌：屏東縣・臺東縣》。由於本章旨在探討清代屏東地區碑碣特殊之處而非考證史料，為論述方便起見，所引碑文題目和內容概以該冊為藍本，並輔以其他文獻資料，以為論述依據。

此外，本章依碑記內容和功用將清代屏東地區碑記概分成沿革碑、紀事碑、頌德碑、捐題碑和示禁碑等項。由於沿革、紀事、頌德和捐題等碑文內容兼而有之，或捐題碑中述及沿革、或頌德碑中記載史事，茲為行文清楚起見，按照沿革、紀事、頌德、捐題和示禁等節目探討。

第一節　沿革碑

沿革碑主旨在敘述事物發展和變化的歷程。本地最有特色的沿革碑，當推鑲於屏東書院（今孔廟）門前照牆內側的四通碑文，清碑有二，日碑、今碑各一。通讀四碑，恰是清代屏東書院過渡到當代屏東孔廟的發展歷程。屏東書院創建於嘉慶二十年（1815），為本地士子問學之所，是昔日下淡水地區文教薪傳的重鎮。〔註4〕「屏東」一名，亦得見於此。

光緒三年（1877）進行修建時，有〈屏東書院章程碑記〉和〈屏東書院租条碑記〉。〔註5〕前碑詳述該院沿革、重修、勸捐與置產等情形，並議將規

〔註3〕 高拱乾編修《臺灣府志》時，首度將碑記文章收錄於〈藝文志〉之「記」項下，有〈平臺紀略碑記〉、〈靖海將軍侯施公功德碑記〉、〈臺灣紀略碑文〉、〈總鎮府都督王公去思碑〉和〈臺灣郡侯蔣公去思碑記〉等數篇。上述篇章請見高拱乾：《臺灣府志》（南投市：臺灣省文獻委員會，1993 年），頁 261～269。

〔註4〕 屏東書院，在港西里阿侯街東，縣東二十里，屋三十六間，嘉慶二十年歲貢生郭萃、林夢揚等建，光緒六年鄭贊祿重修，膏火租六百餘石。上述說法請見盧德嘉：《鳳山縣採訪冊》（臺北市：臺灣銀行，1960 年），頁 160。

〔註5〕 分見何培夫主編、林文睿監修：《臺灣地區現存碑碣圖誌：屏東縣・臺東縣》（臺北市：國立中央圖書館臺灣分館，1995 年），頁 24、26～27。

約和租條勒石；後碑係前碑延伸，敘及書院建置田業租項條規，詳列道光三
年（1823）以來，購買田園與租納情形，用以宣告院方產業。有關屏東書院
的興學過程並不順遂，可謂一波三折，在〈屏東書院章程碑記〉云：

> 自嘉慶甲戌年，邑主楚江吳性誠與緱山諸先生總理郭萃、林夢陽、
> 捐首蕭兆榮、董事蕭啓德、江啓源、鄭純脩、黃紹鍾等議定基址，
> 籌畫規模。乙亥年元月起工，臘月告峻；但捐項缺額，本質既立，
> 而華彩未加。

> 時里內分縣主芾南劉蔭棠會請郭萃、劉瑞麟、蕭啓德、蕭啓元協力
> 勸捐，增修油漆，聿成輪奐大觀。乃未幾，吳、劉二公解任，諸先
> 生繼謝，而書院空存矣！惟拔亭先生與蕭啓邦、陳珏、許□盛營為，
> 連置租產，始有淡薄經費。越辛丑桂月間，合全計算，開費不敷，
> 考課難舉；而拔亭先生力辭解任。諸仝人公議設立規条，再請蕭啓
> 邦起而接踵繼辦，綱舉目張，經費日加。嗣後歷任董事，陸續營置，
> 諸費稍備，祭祀考課，得以永遠舉行。是亦淡屬之幸也！特恐人往
> 事湮，難以稽考，丁丑秋諸同人議將規約租条勒石，以垂久遠。爰
> 序其緣起，以昭示來茲焉。

從上述可知，屏東書院係由地方官紳通力合作所創辦的學校。嘉慶甲戌年為
嘉慶十九年（1814），吳性誠代理鳳山縣知縣，留意於文教建設，邀集緱山地
方仕紳議定書院位址（原址在今日中山公園）。乙亥年（嘉慶二十年，1815）
元月動工，年底完竣，歷時一年。書院草創之際，款項猶有不足，此時「本
質既立，而華彩未加」，雖然完成硬體部分，惟建築內外的油漆和彩繪等部分
仍付之闕如，續經當時的下淡水縣丞劉蔭棠央請郭萃、劉瑞麟、蕭啓德和蕭
啓元等人「協力勸捐」才完成。然而，隨著吳、劉兩官調任，主事者年老凋
零，書院顯然無人掌理，亦缺乏經費，竟出現「書院空存」的局面。直到蕭
啓邦和陳珏等人「連置租產」，才有「淡薄經費」，勉強供應書院延聘教師課
讀學子。到了辛丑年（道光二十一年，1841）八月，又因經費入不敷出，即
使連正常授課活動都無法進行。於是，眾人議定書院章程，由蕭啓邦「接踵
繼辦」，書院始得「綱舉目張，經費日加」，「祭祀考課，得以永遠舉行」。

　　特別一提的是，屏東書院創建初期，從嘉慶十九年（1814）到道光二十
一年（1841）間與書院相關的人物之中，崇蘭蕭家就佔了四位，一是捐首蕭
兆榮，一是董事蕭啓德，還有協力募款的蕭啓元，以及繼起整頓書院並接掌

經營的蕭啓邦。蕭家因商致富，除努力培養家族子弟之外，同時也積極參與屏東書院的設立與經營，從本文恰可以見證該家族對本地文教的貢獻。

至於書院所列九條章程，分述該院產業管理、祭祀、租用和人事費用等項。其中第四條提到祭祀對象和時間，該條文云：「文昌帝君、五子先賢，本配春秋祀典，定於二八中丁永遠舉行，必不容廢。」可知當年書院主祀文昌帝君，並非今日的孔子先師，此係昔日書院功能主要在培養士子舉業之故，因此崇拜職司文運的文昌星君；其祭祀時間則訂在春秋兩季，日期固定在「二八中丁」，即農曆二月和八月的第二個丁日，並非今日的「教師節」。

第二節　紀事碑

紀事碑在記載事實，以地方史事最引人注目。本地紀事碑則以記錄六堆義民事蹟較爲凸出，茲舉例以述。

由於清代屏東地區曾經多起民變事件，箇中原由和時代背景糾葛複雜，無法在此詳述。整體而言，有清一代下淡水地區的閩粵關係常處於緊張狀態，甚至到了日治之初仍時起衝突。〔註6〕綜觀本地的閩粵關係，自康熙末年的朱一貴事件後，似乎已形成一種特定的常態互動模式，即「治時閩欺粵，亂時粵侮閩，率以爲常」。〔註7〕此與閩籍移民「習於蠻橫，動釀亂階」，而粵籍移民「明於利害，不拒捕，不戕官」、〔註8〕「性狡而知畏法，爲盜者頗少」的族群性格有關。〔註9〕故下淡水地區客民經常與官方維持良好的互動關係，每回閩人起逆，客家即出而協官平亂。官方爲旌獎客家義民，往往給予犒賞、厚葬、立碑、賜號和建祠等獎勵措施，下淡水客庄因此常獲頒「懷忠」、「褒忠」的旌額，以表揚忠義精神，而殉難者則入祀「義民廟」、「忠義亭」，以享千秋。

〔註6〕當日軍攻臺初期，其偵察隊抵達以閩人爲主的歸來庄時，發現該庄與毗鄰的麟洛庄（粵人爲主）之間竟無路可通，經詢問當地居民，所得答案竟是「本庄人一進入麟路庄，立刻被殺。」上述說法參考自許佩賢譯：〈鳳山附近的土匪〉，《攻臺見聞——風俗畫報·臺灣征討圖繪》（臺北市：遠流，1997年），頁437。

〔註7〕見臺灣銀行經濟研究室編：《臺灣採訪冊》（南投市：臺灣省文獻委員會，1993年），頁35。

〔註8〕見鄧傳安、陳盛韶著：《蠡測匯鈔·問俗錄》合刊本（北京市：書目文獻，1983年），頁138。

〔註9〕見〈閩浙總督孫爾準奏爲查辦械鬥完竣籌議善後事宜〉，故宮博物院藏，《道光朝軍機處摺件》，文獻編號058972。

　　六堆忠義祠設於竹田鄉，[註10]主祀廣東義民，收藏〈廣東義民事略碑記〉（道光五年，1825）、〈重修忠義亭碑記〉（同治十二年，1873）、〈重修忠義亭碑〉（光緒二十年，1894，兩件）、〈忠義亭重修捐題碑記〉（光緒二十年，1894）和〈忠義亭申禁碑〉（光緒二十年，1894）等多件碑記。[註11]其〈廣東義民事略碑記〉係轉刻官員題奏，分別簡述粵庄義民協助平定康熙六十年（1721）朱一貴事件與雍正十年（1732）吳福生事件的功績，以及朝廷獎勵情形。茲節錄客家義民兩次協官平亂事蹟原文如下：

> 康熙六十年，總督覺羅滿保題准：「朱一貴倡亂臺灣，佔居郡縣、侵犯南路。義民李植三、侯觀德、涂文煊、邱永月、黃思禮、劉奎才、林英泰、鍾國虬、林文彥、賴君奏謀起義，誓不從賊。……」奉旨：「從優敘給臺灣守土義民箚付一百一十五張，引兵殺賊義民箚付三十六張，擒賊義民箚付二十三張。」

> 乾隆五十二年，德□題准：「雍正十年，北路凶番不法，南路奸匪吳福生乘机糾眾。粵義民侯心富，先于康熙六十年朱一貴竊發案內已經立功；至雍正十年，復行率眾九百余人，渡河應援，賊勢奔潰；又經水師提督王郡調赴軍前，備充嚮導，出力用命，應予以優敘。……」[註12]

該文將保鄉衛土的客家先烈事蹟記錄於石，忠義精神藉此得以具體傳世，義祠從此成為六堆客家人士的信仰中心，香火至今不替，客家精神和士氣因此凝聚。

　　義祠興建後，因年久傾頹，曾經數次重修，以光緒二十年（1894）最為隆重，本地進士江昶榮和地方重要紳士擔任經理人，出面鳩資重修忠義亭，將重修紀事和捐款者姓名與金額詳列於碑，為「保全於後」，更罕見地另立禁碑一方，將三條禁約勒於石內，是為〈忠義亭申禁碑〉。惜此次修成後，翌年（光緒二十一年，1895）臺島割讓。

〔註10〕 六堆忠義祠，原名「西勢忠義亭」，因六堆先民協助清廷平定朱一貴事件，由閩浙總督覺羅滿保奏准興建，經過數次重修始成今日規模。有關六堆忠義祠的歷史沿革，可參考鍾壬壽編：《六堆客家鄉土誌‧西勢忠義祠史》（屏東縣：常青，1973），頁111～127。

〔註11〕 分見何培夫主編、林文睿監修：《臺灣地區現存碑碣圖誌：屏東縣‧臺東縣》，頁120、122、124、126、128、130。

〔註12〕 見何培夫主編、林文睿監修：《臺灣地區現存碑碣圖誌：屏東縣‧臺東縣》，頁120。

第三節　頌德碑

　　頌德碑乃頌揚功德的碑記，多用於地方循吏和朝廷大員。本地的頌德碑有二，分立於里港鄉和車城鄉，前者紀念縣丞呂岳德政，後者紀念福康安率兵平亂。乾隆五十年（1785）二月立於里港鄉的〈特簡直隸分州調補鳳山阿里港分縣呂公諱岳德政碑〉云：

> 公字崧高，號維齋，浙江紹興府餘姚縣人也。由庚辰副車，需次監州，慎簡來閩。曾代庖珩邑，佐理溫陵，政績彰彰，在人耳目間。辛丑秋，調補斯土。公學古入官，摻修素裕。蒞任以來，教養兼施，寬猛並濟，視吾民如家人父子，除奸懲粮莠不啻焉。迄今野無萑苻，戶習誦弦，公之淪浹于斯民也，深矣！
>
> □者三年報政，標等臥轍難留，爰勒貞珉，以誌終不可諼之意云爾。……
>
> 乾隆伍拾年花月穀旦，港西里士庶全立石。〔註13〕

本文先述呂氏到任以後，教養兼施、恩威並濟、愛民如子和懲奸除惡等德政，教化所及，盜匪銷聲匿跡，百姓安居樂業；文末記錄港西里舉人陳名標、仕紳、商號和庶民等「臥轍」挽留者姓名。此碑後來湮沒，直至道光二十九年（1849）七月，當時鳳山縣丞馬克惇重建下淡水分防衙署房舍時，「就地掘得此碑」，於是「重立衙前」，並將發現始末勒於原碑碑陰（背面），遂成一碑兩面，是為〈呂岳德政碑發現記〉。〔註14〕

　　立於車城鄉的〈福康安等平亂頌德碑記〉，旨在歌頌福康安等人渡海來臺剿捕林爽文和莊大田的事功，其文云：

> 欽命大學士中堂將軍嘉勇公福、叅贊大臣一等超勇公海、叅贊大臣四川成都將軍鄂，剿捕林爽文、莊大田，追兵到此。
>
> 勒石，碑曰：「天以大清，克肖其德。聖聖承承，四方為式；罔有海隅，咸歸皇極！蠢爾爽文，倡首違則；么麼大田，嗣殘致力。帝念臣民，中心怛惻；簡命將軍，掃除宜亟。羣匪膽寒，琅嶠閃匿；匠

〔註13〕　見何培夫主編、林文睿監修：《臺灣地區現存碑碣圖誌：屏東縣・臺東縣》，頁72。

〔註14〕　見何培夫主編、林文睿監修：《臺灣地區現存碑碣圖誌：屏東縣・臺東縣》，頁74。

請大兵，剛臨滅熄。瞻仰神威，石碑銘刻。旌獎鴻恩，沾優外域；
　長樂昇平，於千萬億！」〔註15〕

乾隆五十一年（1786）十一月，林爽文在彰化縣大里杙（今臺中市大里區）
舉事反清，南路莊大田亦起兵響應，聲勢浩大，撼動全臺，除臺灣府、諸羅
縣和鹿港之外，各地紛紛陷落。清廷聞變，先遣閩、粵等地部隊征臺，不克，
戰況陷入膠著。翌年（1787），清廷命福康安、海蘭察與鄂輝等大員率師東渡，
終於在乾隆五十三年（1788）二月底定亂事，先後生擒林、莊二人，林爽文
解送北京處死，莊大田則在府城授首。乾隆皇帝視此事為其「十大武功」之
一，特別御製詩文多首以誌，因嘉許諸羅軍民義不降賊，特賜地名為「嘉義」。
本文敘述福康安等人率軍追捕莊大田，兵鋒遠抵琅𤩝地區（今恆春半島），當
地百姓勒石以頌。頌詞以四言行，通篇講究平仄，先述帝德皇恩，次言平亂
旌獎，末以長樂昇平作結。

第四節　捐題碑

　　捐題碑，或稱捐置碑、捐建碑，係眾人募資捐修建設公共物產為主。在
臺灣為數眾多的捐題碑中，最常見到寺廟所立創建碑記、重修碑記與捐題碑
記，其次為地方建設，尤以設置津渡為要。以下分舉寺廟、義渡和門樓為例。

一、寺廟

　　本地廟宇各有其捐題碑，不只記錄寺廟沿革史料，同時也蘊藏地方史實，
茲舉慈鳳宮捐題碑為例。

　　臺灣民間奉祀的神明種類極多，上自玉皇大帝，下至福德正神，共計百
餘種。民間信仰最廣泛和最有威望的女性神祇，首推「天上聖母」——媽祖。
〔註16〕媽祖之所以成為臺民最重視的神明之一，與「唐山過臺灣」的移民史
有相當重要的關聯。由於媽祖具有海神性格，而臺灣與中國一海之隔，漢人
移民冒險渡海來臺奮鬥，為了祈求順風順水，莫不奉為護航神祇，因此臺灣
各地的媽祖廟均香火鼎盛。屏東市慈鳳宮為本地供奉媽祖的重要廟宇，廟中

〔註15〕見何培夫主編、林文睿監修：《臺灣地區現存碑碣圖誌：屏東縣・臺東縣》，
　　　　頁 209。
〔註16〕見董芳苑：《臺灣人的神明》（臺北市：前衛，2008 年），頁 172。

收藏多件清代碑記，其中有一共同特色，即中國移民習以原鄉地名鐫刻爲題，雖未必符合立碑原旨，卻頗能凸顯地域觀念與信仰的關聯性，如〈慈鳳宮清溪信徒捐置香田碑記〉、〈慈鳳宮龍溪信徒捐置香田碑記〉、〈長泰碑記〉和〈晉水天上聖母記〉等碑。〔註17〕清溪即福建泉州府安溪縣舊名，龍溪和長泰隸屬於福建漳州府，晉水則是福建泉州府晉江縣的別稱，可見本地閩籍移民仍以漳、泉兩府爲眾，顯示當時移民的原鄉地域觀念甚爲強烈。這些捐置碑文內容大抵是各地移民因感披神恩，遂同鄉鳩資、建業收費，以令廟寺香祀不斷，唯恐年久湮沒，而立碑詳列捐題款項與建置田業租額。除慈鳳宮外，在其他廟宇捐題碑上冠以原鄉地名者並不多見。

此外，在慈鳳宮所收藏的清代捐題碑記中，最特殊者要屬〈林氏姑婆祖碑記〉，此碑爲本地林姓宗族所立。蓋媽祖本名林默娘，林姓族人以身爲天上聖母的裔孫爲榮，文中逕稱媽祖爲「我林姓姑婆祖」，此爲林姓信眾所獨有的「權利」。林姓族人感沐神恩之餘，因見廟宇「僅存公銀柒拾員，逐年收利不足祀典之費」，乃集資建置田業，以垂千秋祀典之用，除詳列捐銀者姓名與金額明細，並載明園業界址與租納情形，最末更列管理規定數條，茲錄於下：

> 園業界址，契賬載明炳據，議交爐主輪流承接，毋許混亂。如該年應著爐主憑箸承接，毋許推諉；如違，議罰。或庄人著年特將聖像原祀本街妥寓，毋許恃強迎到伊家；如違，議罰。逐年祀典諸費，勿得濫用多開；察出，議罰。倘有不肖奸徒揣摩藉端，該爐主聞眾，呈官究治，毋容隱情寬貸。〔註18〕

民間捐題碑少見罰則，違者議罰，送官究辦，允爲本文特色。

在捐建廟宇的碑文中，除了信徒集資捐置修建廟宇之外，特別值得一提的是信眾捐獻名下田園產業，並將產業收租所得提供廟宇奉祀其身後香位的費用。乾隆三十九年（1774）五月，萬丹鄉的〈新建上帝廟祠祀碑記〉記載林啓燦和李水淑兩人生前無嗣，捐獻名下店鋪，以爲廟方收稅祭祀，希望能夠「生留薄業，死資俎豆」。其文有云：

〔註17〕分見何培夫主編、林文睿監修：《臺灣地區現存碑碣圖誌：屏東縣・臺東縣》，頁5、7、11、16。

〔註18〕見何培夫主編、林文睿監修：《臺灣地區現存碑碣圖誌：屏東縣・臺東縣》，頁9。

> 林君啓燦者，三山人也；……生無妻孥之奉，歿少期功之親；一身
> 長逝，繞號不聞。當時同舟，如黃福淑、薛乾淑、李鼎彰者，念悲
> 其獨也；爲之經紀殯斂，卜葬于上帝廟邊，封土豎碑，至今儼然可
> 觀；然費皆林君所自遺。又念春秋祭祀，莫適爲主。林君有遺下店
> 壹坎，爲之充送上帝廟，付僧收稅奉祀。今六月初六日，僧家備祭，
> 我街耆老與其事者，咸欣慰焉。

> 南靖李君水淑，中年不娶，老則靡室靡家。然他卻能以生前而爲死
> 後計，經營儉樸，……建置店式坎在土地廟邊；自送入上帝廟付僧
> 執掌，除損壞修理外，僧則收稅祭祀。凡遇十月二十忌日，禮與林
> 君等，費用俱出自僧家。〔註19〕

因恐後人侵佔變賣所捐獻產業，以致於「祀之存亡未可知也」，故立石爲記。
文中還特別註明林、李兩人店鋪位址和歲收金額，以昭公信。最後併記立碑
人李振利亦將座落於上帝廟前的壹坵田園，「喜捨在廟中，付僧收掌，爲香油
之資，後人不得變易賣買」。此外，上帝廟一般主祀玄天上帝，而玄天上帝爲
道教神祇，從碑文可以旁知該廟當時乃由僧人執掌，非由道士所主持，現代
臺灣廟宇多有「佛道合祀」的現象，此一奇觀並非始於今日，早在清代便已
有跡可循，本廟即是一例。〔註20〕

二、義渡

　　臺灣多河，急而且湍，雨季來臨，商旅受阻，大水沖毀，橋樑難建。渡
河一事，誠爲先民生活亟待解決的課題。爲解決此一難題，官方和民間常於
河津要口設置渡船和渡夫。因此，清代臺灣的津渡可分成官渡、民渡和義渡。
　　早期渡船多爲官營，官渡有渡稅之徵且弊端叢生，遂在乾隆三年（1738）

〔註19〕見何培夫主編、林文睿監修：《臺灣地區現存碑碣圖誌：屏東縣・臺東縣》，
　　　　頁94。

〔註20〕本處所指上帝廟即現在的萬泉寺，最初原名「觀音宮」，主祀觀音菩薩，約創
　　　　建於康熙四十年代以前，歷經多次重修和擴建而成今日「前殿眞武，後祀觀
　　　　音」的獨特景觀。簡炯仁對於本廟的演變經過，在其〈由「新建上帝廟祠祀
　　　　碑記」探究屏東縣萬丹鄉萬丹庄萬泉寺的「玄天上帝」——兼論屏東縣萬丹
　　　　鄉的開發〉一文有極爲詳細的考證，本文因論述主旨不在此，故略去不述。
　　　　有關萬泉寺的考證請參見簡炯仁：《屏東平原先人的開發》（屏東縣：屏縣文
　　　　化局，2006年），頁129～143。

時，將「臺地渡稅，概行裁革」；〔註21〕而民渡則有渡夫勒索之弊，其弊害情形如下：

> 淡水溪渡，闊數里許。秋冬水涸，往來可通；春夏漲滿，非舟莫濟。
> 奸人藉此居奇，設渡船橫索渡錢，行人病之。〔註22〕

清末，盧德嘉在〈義渡論〉亦云：

> 溪邊舟子，編竹筏以待行人，載至中流，始需渡價，多方勒索（有勒至數金者），貪得無厭。甚而擠人於水（有擠下孤客，任急流滾出外海而坐視不救者），橫取衣物，大則殞命，小則傷財。狼子野心，實堪切齒。義渡之設，安可少哉？〔註23〕

無良渡夫的危害，不僅取人財物，甚至傷人性命。因此，官方和民間皆樂於建設義渡。本地阿里港街（今里港鄉）臨二渡河（當地下淡水溪別名，今高屏溪），居民往來頗以為苦。雍正八年（1730），里人倡捐，籌設義渡。次年（1731），以「人苦莫如馮河，施恩莫如給渡」為由，呈請鳳山縣知縣熊琴批准，正式祭江買舟，以利商旅通行。乾隆二十四年（1759），當地紳民耆老勒立〈喜置義渡碑記〉以誌昔年設置義渡始末，惟首段用駢，句式工整，殊為少見，茲錄於下：

> 竊惟地名「二渡河」，不絕往來之跡；道通四達地，迥殊桃李之蹊。
> 水涸秋冬，往來不繼；雨淋春夏，浩瀚□□。肩摩雜以難言，踵接居然鱗次；裹裳莫濟，濡首堪嗟，潸然淚逐波流，悲矣！愁衝上岸，茫茫煙水，豈云病□無虞？渺渺洪波，試看馮河有悔！行來半渡，俄驚洛水神人；步未中央，忽驚湘靈妃子。〔註24〕

後續提及買船費用之外，「仍存銀五十八兩」，於是買田收穀，言明「每年給撐二渡河筏子谷二十五石工食，不收來往人等銅錢」，以義田所得供給渡夫。末行並記，「眾議每年善出谷四石正，以為天后聖母香油之資。」可知雙慈宮於當地信仰的重要性，更有祈求媽祖護渡的用意。

此外，萬巒地區亦有義渡之設，其〈下淡水塩洲義渡樂助碑〉記載該地

〔註21〕見王瑛曾：《重修鳳山縣志》（南投市：臺灣省文獻委員會，1993 年），頁 41。

〔註22〕見陳文達：《鳳山縣志》（南投市：臺灣省文獻委員會，1993 年），頁 28。

〔註23〕見盧德嘉：《鳳山縣採訪冊》，頁 116。

〔註24〕見何培夫主編、林文睿監修：《臺灣地區現存碑碣圖誌：屏東縣・臺東縣》，頁 60。

仕紳勸捐建設義渡，以利萬巒與內埔兩地交通往來。﹝註25﹞全文一式三碑，先述設置義渡始末，次記時人捐款購產，惜所用石材不佳，碑面風化甚鉅，部分內容漫滅難讀。

三、門樓

昔日客屬各莊常設城柵隘門，以為地方防衛。而城柵門樓日久頹圮，重修之際，亦見地方捐題。新北勢莊（今內埔鄉振豐村）原設隘門四座，現僅存東柵門，額書「褒忠里」，有〈重建東柵門樓捐題碑記〉，﹝註26﹞開列捐款者姓名和金額，惟其落款年代竟為「光緒二十六年庚子歲仲冬月吉立」，茲為本地碑記特例。蓋光緒二十六年（1900）已是日治時期，尚紀清朝年號，頗具時代意義，﹝註27﹞顯見該莊故國之思，猶存客家忠義之風。

第五節 示禁碑

示禁碑功能在公告和警示，惟恐告示或禁令失傳，故勒石以志。清代臺灣碑碣示禁碑的數量眾多，示禁事項琳瑯滿目，有為兵丁、胥吏勒索而示禁，有為惡丐強乞、無賴棍徒聚賭而示禁，有為侵佔塚地、毀壞墳墓而示禁，有為破埤害禾而示禁，有為侵削番地而示禁，有為侵佔祠廟祀業而示禁，所禁情事不一而足。曾國棟依示禁碑的內容和性質分成官衙兵吏、惡習、塚地、拓墾、祠廟祀業和其他等六大類，﹝註28﹞其分類可稱完善。據曾氏所錄，本地的示禁碑文共有十五件，其中〈嚴禁搭建草蓬碑記〉原碑已佚，僅存碑文。今依曾氏分類，將本地示禁碑製成「附表8-1」錄於後。

從「附表8-1」可知，本地示禁碑以惡習類七件最多，拓墾類四件居次，祠廟祀業類兩件，塚地類和其他類各一。本節僅舉惡習、拓墾、塚地和祠廟祀業等類為論述對象。

﹝註25﹞分見何培夫主編、林文睿監修：《臺灣地區現存碑碣圖誌：屏東縣‧臺東縣》，頁114、116、118。

﹝註26﹞見何培夫主編、林文睿監修：《臺灣地區現存碑碣圖誌：屏東縣‧臺東縣》，頁134。

﹝註27﹞該碑因落款年代仍為光緒朝，可知立碑者不忘故國，猶以清國子民自許，故收錄於本文。

﹝註28﹞見曾國棟：〈清代臺灣示禁碑之類型〉，《臺灣文獻》第五十一卷第一期（南投市：國史館臺灣文獻館，2000.3），頁179。

一、惡習類

本地惡習類碑文的主要示禁對象，以游民、乞丐和羅漢腳等社會邊緣人為大宗，[註29] 計有〈嚴禁棍徒流匪侵擾碑記〉、〈嚴禁開賭強乞剪綹碑記〉和〈嚴禁玩保蠹差藉屍嚇詐碑記〉等篇。蓋臺灣自古即為移民世界，每有大量漢人移民渡海來此奮鬥，當這些移民無法滿足生活所需時，往往淪落成為社會邊緣人，此輩對於清代臺灣社會治亂有極大的關係，因此經常成為各地官府立石嚴諭示禁的對象，歷來學者已多著述，於此不再贅言。而曾國棟將惡丐強乞、藉屍嚇詐、自盡圖賴、設場聚賭、聚黨吵擾、械鬥滋事、舟轎勒索、斗量糾紛和錮婢不嫁等情事，皆視為社會的惡習劣風。[註30] 從本地示禁碑的內容來看，屬於社會惡習的碑文有聚黨吵擾、設場聚賭、藉屍嚇詐、自盡圖賴、斗量糾紛和舟轎勒索等項目，茲分述如下。

（一）聚黨吵擾

枋寮地處海角，帝力鞭長莫及，常有無賴棍徒勾結地方流匪，藉事興波，欺壓善良，以致民不聊生。乾隆四十三年（1778）五月，當地百姓具狀陳情，在〈嚴禁棍徒流匪侵擾碑記〉有云：

> 枋寮□懸海角，居民雜處，每有無賴棍徒，潛住斯境，遇事生波。時或勾接匪類，乘間為盜；或賒借不遂，架詞妄控；甚至唆弄事主，捏名告害，視舖民如魚肉，欺小姓若草芥，種種弊害，難以枚舉。……嗣後倘有不法無賴棍徒，乞准泉等街眾會同鄉保、甲鄰，查寔呈稟究逐。[註31]

鳳山縣知縣李桐「為乞除奸弊」，因此勒石示禁，安靖地方民心，並特別准許「嗣後倘有不法棍徒及流匪潛跡，混藉命盜、扳累非辜，許爾等舖民會同鄉保、甲鄰，查寔指名稟究。……以憑嚴究責逐，斷不寬縱。」為昭公信，文末復將多位陳情者姓名一併題於石上，此舉多見於民間捐題碑，而少見於官方示禁碑。

〔註29〕關於「羅漢腳」一詞的釋義有多種說法，大抵是不務正業、游手無賴、訛索伺掠、動輒滋事者的形容詞。此說參考自戴寶村、王峙萍：《從臺灣諺語看臺灣歷史》（臺北市：玉山社，2004年），頁66。

〔註30〕參考自曾國棟：〈清代臺灣示禁碑之類型〉，《臺灣文獻》第五十一卷第一期，頁192。

〔註31〕見何培夫主編、林文睿監修：《臺灣地區現存碑碣圖誌：屏東縣・臺東縣》，頁205。

（二）設場聚賭

　　乾隆四十七年（1782）六月，鳳山分縣（阿里港縣丞）呂岳爲防範劣民對社會風氣所帶來的不良影響，特別在阿里港街（今里港鄉）立石給示，其〈嚴禁開賭強乞剪絡碑記〉云：

　　　　爲嚴禁開賭、強乞、剪絡、以靖地方，以安商民事。

　　　　照得阿里港街媽祖宮前、市仔頭、營盤口、仁和街、國王廟前、永安街、北勢街等處柵內各街，正商民往來輻輳貿易交關之所。近訪有一種無藝之徒，在街開場聚賭，常致爭鬧，釀成禍端；一種流丐，身無殘疾，三五成羣，每逢朔望，沿街強乞，稍拂其欲，恃赤圖賴；一種羅漢腳，不事生產，潛入街市，混竊剪絡，擾害商民。此等不法，律載森嚴，重則流，輕亦枷杖。〔註32〕

呂氏將社會劣民區分成無藝之徒、流丐和羅漢腳，此爲本文特殊之處。其實，三者名稱或有不同，然本質實爲一體。呂氏在文中嚴禁開場聚賭、沿街強乞和混竊剪絡（扒手）等情事，「以靖地方，以安商民事」，最後嚴諭「如有不安本業，仍蹈前愆並開賭，以及身無殘疾、市行強乞並混竊剪絡、滋事擾害，本街商民人等馳報地保，拏解送赴本分縣，以憑按律嚴究，決不稍貸。」

　　文末連帶提到「再查媽祖宮前、市仔頭街道有搭蓋茅蓬篾摺，此最易致火燭，應行一併禁止。」禁止媽祖廟口和市仔頭街道等鬧區搭蓋茅屋竹棚，表面在曲突徙薪，避免祝融之災，實際在防範不法之徒藉此成爲聚賭和滋事的淵藪，二者鼻息相關，互爲表裡，故同刻於石。呂氏能體恤民瘼，用心良苦，故當其調任之際，當地人士車前挽留未已，因此伐石紀德，允爲臺地循吏。

（三）藉屍嚇詐

　　此外，清代臺灣社會亦可見到不良里保和縣差等基層公人，勾結地方無賴棍徒，企圖利用死喪非命的屍體訛詐良民的案例，此等案例層出不窮，嚴重危害地方治安。乾隆四十八年（1783）七月，福建分巡臺灣兵備道楊廷樺爲「除弊安良」，嚴禁玩保與蠹差串謀，藉屍圖詐，並唆使無賴之徒冒親告命，從中分肥。其〈嚴禁玩保蠹差藉屍嚇詐碑記〉云：

〔註32〕見何培夫主編、林文睿監修：《臺灣地區現存碑碣圖誌：屏東縣・臺東縣》，頁64。

> 臺地五方雜處，每多游手失業；或爲飢驅，……並有輕生短見。此
> 皆孽由自作，於人何涉？無如玩保、蠹差，藉□□□□，以爲利藪，
> 遍庄索詐，竟敢於未報官之前，擅挐禁嚇。……稍不如意，則套出
> 無賴棍徒，冒親告命。……種種弊害，殊堪髮指！〔註33〕

里保和縣差爲公權力的最基層，本係安輯地方的礎石，惟「鼠憑社貴」的玩
保、蠹差卻與無賴游民沆瀣一氣，企圖以自盡人命索詐錢財，禍及無辜良民，
實爲清代臺灣治安的一大污點，亦爲清代臺灣吏治不佳的原因之一。

（四）自盡圖賴

　　光緒二年（1876）七月，福建巡撫丁日昌給立告示，嚴禁聳令自盡、誣
告圖賴案件，其〈嚴禁自盡圖賴碑記〉有云：

> 照得自盡人命，律無抵法，而小民愚蠢，動輒輕生。其親屬聽人教
> 唆，無不砌詞混控，牽涉多人，意在求財，兼圖洩忿。本部院蒞閩
> 以來，查核各屬命案，此等居多。而地方官不詳加勘審，任憑尸親
> 羅織多人，輒即差拘到案。鄉曲小康之戶，一經蔓引枝牽，若不蕩
> 產傾家，則必致瘐斃囹圄而後已。……除嚴飭各府、廳、州、縣，
> 如此後有將自盡命案濫行差拘良民，以致無辜受累者，立即分別嚴
> 參外，合行剴切曉諭。〔註34〕

閩省漳、泉等府向有藉屍圖賴（以死人爲藉口來恐嚇他人）的不良風氣，其
中尤以詔安爲最。〔註35〕臺灣閩籍移民多來自漳、泉兩府，此風因此移入。
丁氏既撫閩地，對此類命案自然並不陌生，因云「本部院蒞閩以來，查核各
屬命案，此等居多。」其實，造成藉屍圖賴和訛詐等案件在各地頻傳的原因，
除了當地民風貪狡好訟之外，尚與地方官吏坐視姑息有關。蓋臺灣吏治不佳
的情形，誠如臺灣道徐宗幹所言「各省吏治之壞，至閩而極；閩中吏治之壞，
至臺灣而極。」〔註36〕徐氏所言，可謂一針見血。丁氏洞悉自盡者家屬砌詞

〔註33〕見何培夫主編、林文睿監修：《臺灣地區現存碑碣圖誌：屏東縣・臺東縣》，
　　　　頁3。

〔註34〕見何培夫主編、林文睿監修：《臺灣地區現存碑碣圖誌：屏東縣・臺東縣》，
　　　　頁228。

〔註35〕曾任漳州府詔安縣知縣的陳盛韶對於民間自盡圖賴的惡習，在其《問俗錄》
　　　　卷四〈詔安縣〉之「作餉」項中有極爲詳盡的描述。請見鄧傳安、陳盛韶著：
　　　　《蠡測彙鈔　問俗錄》（北京市：書目文獻，1983年），頁85～86。

〔註36〕見徐宗幹：《斯未信齋文集・答王素園同年書》，收錄於丁曰健編：《治臺必告
　　　　錄》（臺北市：臺灣銀行經濟研究室，1959年），頁349。

混控，意圖求財和洩忿，而受誣牽累者，往往因此家破人亡。是以，對於「不詳加勘審」而殃及無辜者的瀆職官吏，丁氏嚴諭將分別進行懲處，並要求此類自盡命案必須做到速審速決，「均限一月審結」。文末復詳列相關律例條文，以達到嚇阻作用。最特別的是，丁氏飭令所屬官員將此示「泐石城門」，准許受到自盡圖賴命案牽累的安分良民，「摹揚石示，赴地方官呈訴」，以為申冤依據，其中寓有警惕地方官員不得敷衍怠惰的用意。本碑因立於恆春城南門之故，為目前可見清代臺灣官方示禁碑位置最南者。

（五）斗量糾紛

臺灣各類示禁碑中，以斗量示禁碑最為特殊。蓋生意買賣全憑公道，清代臺灣各地的母斗公量為小區域的標準，並無統一的度量衡，買賣雙方彼此畸重畸輕，屢生爭議。官方為了預防此類斗量糾紛，往往以石製母斗或公駝，〔註37〕安置於市場或地方大廟，以便查核較準。里港鄉雙慈宮有〈阿里港糖郊公駝銘記〉和〈公定糖量石駝碑記〉，前者立於嘉慶十二年（1807），後者立於嘉慶十九年（1814）。昔日里港地區盛產甘蔗，糖業發達，各庄糖廠與糖商生意來往向有公量和公駝，以確保交易公平。即使如此，糖廠和糖商仍為斤兩計較，官府因此出面調解，核定公量與公駝，並勒石禁止私製斗量。以下淡水縣丞代理鳳山縣知縣的吳性誠特立〈公定糖量石駝碑記〉給示，核定天平壹百式拾玖觔為糖量壹百觔，並製公量、石駝，「仍准勒石以杜弊端」，既利民通商且免除爭較，並云：

> 倘有故違滋弊，一經告發，除罰銀壹千元充作地方公用外，仍究舞
> 弊抗偽之罪。〔註38〕

一旦查知舞弊情事，除罰款外，仍究其罪，雙重處分，格外引人注目。吳氏又為糖業佃民生計考量，將佃民輸納業主糖租酌以天平石駝壹百式拾柒觔律定為糖量壹百觔，並諭令「彼此不得爭較」，使得重量與斗量有確定的轉換標準，其用心堪為民之父母。

此外，為杜絕民間私製量器歪風，以確保公平交易，鳳山縣知縣杜紹祈特立〈公定斗量碑記〉公告，並製公平石斗，明定民間所用木斗必須依照此

〔註37〕駝為權衡工具，通稱「稱錘」，多以石製，亦作「砣」。
〔註38〕見何培夫主編、林文睿監修：《臺灣地區現存碑碣圖誌：屏東縣・臺東縣》，頁67。

石斗較準，而各烙鐵店家亦須據此製定斗量，「不得大小」，以嚴禁僞斗弊端再生，並云：

> 倘敢故違不遵者，察出，准街眾將僞斗打破，併人拏解，絕不姑寬。
>
> 凜之！特示。〔註39〕

查獲僞斗，准許民眾逕行打破，意在止息現場民憤，然後送官究辦，措辭可謂嚴厲。歷來官方所立的告示通常刻於石碑，杜氏所製公斗卻鑿於昔日壓榨甘蔗所用的圓形石車上方正中央，碑文則鐫於斗腹，有別於其他示禁碑的書寫形式。

（六）舟轎勒索

早期臺地習俗遇有婚姻喜事，皆以花轎做爲迎娶的交通工具，而轎夫多爲無賴之徒，每對主家多方刁難勒索，甚至發生轎店夫頭惡性哄抬價格，並唆使棍徒截鬧、斬壞公轎等情事，造成地方糾紛。地方人士不堪其擾，聯名稟請官府出面立石示禁。同治十一年（1872）十月，本地有〈嚴禁轎店抬勒轎價碑記〉一文，附在〈義祠亭碑記〉之後，其內容有云：

> 此後無論何項人家，凡有婚姻喜事，准用公設花轎；已置轎倩人扛抬，聽民自便。如該小夫等不敢任意勒索，情願照價受僱，及聽其一體營生，該庄民人等亦不得藉詞挑剔。自此次以後，務宜永遠遵行。該轎店夫頭倘再仍蹈故轍，一經訪聞、或被告發，定即提案究懲，決不稍寬。〔註40〕

文中准許民間雇用公轎，嚴禁轎夫任意抬價勒索和主家藉詞挑剔，以端正社會風紀，最後尚列出示禁的街庄範圍。本碑碑首題目爲「義祠亭碑記」，係以〈義祠亭碑記〉爲主文，敘述同治二年（1683）戴潮春事件波及鳳山，當時知縣羅憲章諭令港東、港西兩里各庄訓練丁壯待召，以及三次協官從征效力的經過，續任知縣張傳敬稟請上級賜匾，准建義祠和立祀牌位；同治十一年（1872），十八庄民捐資置田，以爲義祠祭祀費用，因勒石紀事。而〈嚴禁轎店抬勒轎價碑記〉附於其後，前後二文內容毫無關連，僅因立碑者爲同人，是以出現一碑兩文的特殊現象。

〔註39〕 見何培夫主編、林文睿監修：《臺灣地區現存碑碣圖誌：屏東縣・臺東縣》，頁105。

〔註40〕 見何培夫主編、林文睿監修：《臺灣地區現存碑碣圖誌：屏東縣・臺東縣》，頁14。

二、拓墾類

　　本地拓墾類的示禁碑有四件，其中三件集中在乾隆年間，顯見此時人口日眾，已產生嚴重的土地開發問題。

　　乾隆二十六年（1761）間，東港鎮有兩件〈嚴禁塭丁截溝捕採危害田禾碑記〉，分別由臺灣水師副總兵官裴鏡和臺灣府鳳山縣知縣王瑛曾所立，兩碑告示為同一事件。此一事件係因大潭（今東港鎮大鵬灣）憲塭塭丁「貪圖採捕漁利」，擅自將大潭憲塭與業戶柯其萃新庄田業毗連的排水溝截堵，致「田禾每被淹沒」，業戶柯其萃因此具狀向臺灣水師副總兵官裴鏡陳情，茲錄柯文如下：

> 本年（按：乾隆二十六年）三月十三日，據港東里業戶柯其萃呈稱：「萃新庄田業與大潭憲塭大岸毗連，岸邊有小溝一條，係萃田中洩水舊道，從前自鑿。因前年塭丁貪圖溝中採捕漁利，越界擾害，竟將溝尾屢行堵截，田禾每被淹沒，閤庄顛連萬慘，由此訐控不休！茲蒙憲臺親臨查勘，洞悉截害情弊；諭令陡門撤去，將溝付萃掌管疏通，誠見鴻慈下逮！但思此條水溝開鑿已久，祇因塭丁貪圖捕採，遂致堵塞；今雖蒙飭付萃掌管，若使塭丁仍前越捕，終是截塞不休，貽害無底。茲萃情願於歷年應輸轄下粟壹百石、折紋銀肆拾兩之外，願就塭中餉項內代納紋銀肆拾兩，永以為例；嗣後永禁塭丁不許在萃溝中捕採，庶葛藤永斷，釁端悉泯。叩乞恩准給示嚴禁，併移鳳邑主給示會禁，俾塭丁遵照塭岸為界，不敢再行滋害。沾恩無既。」等情。〔註41〕

從柯文可知，大潭憲塭的塭丁自前年（乾隆二十四年，1759）開始越界擾害，屢將溝尾堵塞，不僅水淹田地且倒灌入庄，農民和塭丁「由此訐控不休」。既然「訐控不休」，表示兩造曾經為此爭論未已，甚至上訴地方官吏。必須說明的是，憲塭為具有官方色彩的塭地，〔註42〕並非一般尋常民塭，官府以「付

〔註41〕見何培夫主編、林文睿監修：《臺灣地區現存碑碣圖誌：屏東縣·臺東縣》，頁 184。

〔註42〕從清代官方各項文移（公文）可知「憲」為下屬對上官的稱呼，如府憲即下級官民對臺灣知府的尊稱，柯文所稱「憲臺親臨」指上級長官親臨之意，至於所指長官為誰並不清楚，但應該不是當時的臺灣水師副總兵官裴鏡，否則，裴氏不會諭令東港汛把總沈國柱前去查勘並回報。「大潭憲塭」既有「憲」字，代表此塭所有權屬於官方，而從〈嚴禁塭丁截溝捕採危害田禾碑記〉內容和

漁收租」的方式，將塭地放租民人養殖魚蝦，業管者則按時向官府輸稅，該稅即柯文提到的「塭中餉項」。〔註43〕

此一紛爭持續至乾隆二十六年（1761）三月，業戶柯其萃具狀向臺灣水師副總兵官裴鏡陳情。爲釐清原委，以解決紛爭，裴氏因命所屬東港汛把總沈國柱實地勘查事情眞相。據沈氏回報，此溝爲業戶昔日自鑿，「與本塭無關，亦無妨碍情弊」，因此可知憲塭塭丁理虧。柯文亦提到「憲臺親臨查勘，洞悉截害情弊；諭令陡門撤去，將溝付萃掌管疏通」。有司既已親臨查勘，瞭解其中弊害，下令撤去溝尾陡門，事情至此應可告終，然而柯文續言，「今雖蒙飭付萃掌管，若使塭丁仍前越捕，終是截塞不休，貽害無底。」表示當時視察的官憲雖然諭令撤去陡門，並將排水溝管理權責付墾戶，卻未能進一步諭令禁止捕採，以致於塭丁猶有越界之虞，仍造成墾戶的困擾。因此，業戶進一步提出兩蒙其利的解決方案，「茲萃情願於歷年應輸轅下粟壹百石、折紋銀肆拾兩之外，願就塭中餉項內再代納紋銀肆拾兩，永以爲例；嗣後永禁塭丁不許在萃溝中捕採」。〔註44〕爲使越界捕採情事不再發生，業主自願幫塭丁納稅肆拾兩，以彌補其所減少的漁利，希望此舉能夠「葛藤永斷，釁端悉泯」。最後，除「叩乞恩准給示嚴禁」外，復要求「併移鳳邑主給示會禁」，以強化此一禁制令的效力。

蓋清領臺灣後，於水師防務置副總兵官一員，轄游擊、守備、千總和把總等官，〔註45〕而「全台沿海要區悉賴焉」，〔註46〕可知臺灣沿海汛地權責繫於水師副總兵官。該起糾紛發生地點在水陸交界，事權分涉水師副總兵官和鳳山縣知縣。按清代官制規定，副總兵官秩爲從二品，〔註47〕知縣僅爲正七品，水陸衙門雖然互不隸屬，但在位階較高的副總兵官尚未做出論斷之前，

大潭瀕海的地理位置，以及臺灣水師派人查勘等各種跡象加以判斷，可以推知大潭憲塭應是臺灣水師所轄的水域。若非事涉臺灣水師，此等農漁糾紛，鳳山知縣自行論斷即可定案，毋須呈請臺灣水師副總兵官給立告示。

〔註43〕清代水餉項目設有「塭餉」一項，「港口潴水飼魚爲塭，大者有徵，謂之塭餉。」由於方志並未載明大潭憲塭餉銀金額，僅可從「舊有港塭一所徵銀七兩五分六釐」等言做爲參考。上述所引分見王瑛曾：《重修鳳山縣志》，頁115、116。

〔註44〕見何培夫主編、林文睿監修：《臺灣地區現存碑碣圖誌：屏東縣‧臺東縣》，頁186。

〔註45〕見蔣毓英：《臺灣府志》（南投市：國史館臺灣文獻館，2002年），頁109～110。

〔註46〕見陳文達：《鳳山縣志》，頁61。

〔註47〕參考自〔清〕黃本驥編：《歷代職官表》（臺北市：宏業書局，1994年），頁288。

位階較低的鳳山縣知縣自然有其難爲之處，此點從業戶請示頒下禁令的先後順序便可推知其中的端倪，斯爲官場權力微妙的所在。在此之前，本案或許因此而延宕未已，亦是碑文無法言明之處。當裴鏡以全臺水師副總兵官身份在四月諭令勒石示禁後，並將本案移交鳳山縣，「合行出示嚴禁」，鳳山縣知縣王瑛曾緊接著便在六月勒石示禁。裴、王兩碑並立，內容幾乎相同，王碑較爲詳細，由於兩人官職一武一文，當地習以「文武碑」統稱此二碑，〔註48〕此爲本島碑碣僅見。

　　昔日「文武碑」的示禁效果爲何，如今已無從得知。本案雖經官方調解與諭示而告終，關鍵卻在於業戶讓利，主動提出自願每年幫貼塭丁納稅的方案，相信此舉必然會對於鞏固排水溝的管理權和加速水陸禁令的核發，以及杜絕塭丁越界採捕等事，產生相當程度的正面效應。因此，王碑便云「茲柯其萃情願每年貼納塭餉銀四十兩，將溝仍舊歸其掌管，呈請給示禁止捕採，以杜擾害，以斷葛藤；殊於塭餉、課田均有裨益，合行示禁。」〔註49〕但是，「殊於塭餉、課田，均有裨益」等言，似乎不夠客觀，有待商榷之處。因爲業戶代納塭餉後，額外增加的稅負，極容易轉嫁在所屬的佃民身上，更何況尚有「歷年應輸轄下粟壹百石」的正供（土地稅），儘管業戶提出將此壹百石粟折成「紋銀肆拾兩」，惟其所提「紋銀肆拾兩」的價值必然高於「粟壹百石」的價值，否則，有司不會同意此等折兌方式。因「折色」所增加的額外負擔，〔註50〕又必落在佃民身上。故業戶提出「折粟爲銀」和代納塭餉等雙重條件，以期完整取得排水溝管理權，並使所墾田禾免受水害的方案，表面看似對塭餉和課田「均有裨益」，實則僅官方和塭丁獲益，卻未必對業戶和佃民有利，甚至可以說佃民是遭到犧牲的一方。

　　同年（乾隆二十六年，1761）九月，立於里港鄉雙慈宮的〈勘定圳界給示碑記〉，〔註51〕亦是屬於因拓墾糾紛而勒石示禁的案件。鳳山縣知縣王瑛曾

〔註48〕見孔志明：〈文武碑特別報導——東港大潭新莊乾隆年間「嚴禁塭丁截溝捕採危害田禾碑記」〉，《東港采風》第七期季刊（屏東縣：屏東縣東港鎮文史學會，2001年），頁12。

〔註49〕見何培夫主編、林文睿監修：《臺灣地區現存碑碣圖誌：屏東縣‧臺東縣》，頁186。

〔註50〕清代以穀物完稅的方式，稱爲「本色」；以銀兩換算稅租的方式，稱爲「折色」。上述說法參考自鄧傳安、陳盛韶著：《蠡測彙鈔 問俗錄》，頁125。

〔註51〕見何培夫主編、林文睿監修：《臺灣地區現存碑碣圖誌：屏東縣‧臺東縣》，頁62。

爲了止息龍肚、卓佳和塩樹腳等庄農民爭水事件，「親詣該地逐細察勘」，勘定水源圳界，「按照四六界限，分流灌漑，以彰公道，以資利賴」，並嚴諭「如敢不遵，仍在內山源頭私開圳道、挹彼注茲、分洩圖賴者，察出定行依律重處，決不寬貸」，遣詞用字極爲嚴峻。相形之下，本年（1761）六月王氏在〈嚴禁塭丁截溝捕採危害田禾碑記〉所批的「示仰塭丁、佃民人等知悉：嗣後務宜遵照斷定界限，管業□□□不許越溝內採捕！倘敢違故，許佃民立即指稟，以憑按法詳究。該佃民亦不得藉端滋事，致干察處」等語，〔註52〕就顯得溫和許多。此外，從〈嚴禁塭丁截溝捕採危害田禾碑記〉和〈勘定圳界給示碑記〉兩碑的示禁過程和用詞，可以窺得王氏的斷事態度並不一致，前者消極而被動，後者積極而主動。其實，因爲本案事權歸一，並未旁涉其他衙門，是以王氏處置果斷堅定，絲毫未見遲疑，有別於處理大潭憲塭農漁糾紛的逡巡不決。

　　另一起拓墾糾紛則是發生在古令埔。〔註53〕本地原爲老埤熟番的領域，嘉慶二十年（1815）五月，閩籍佃首楊茂得到熟番的允諾，拓墾古令埔，此舉引起內埔當地客家人的疑慮，擔心受到福佬人的包圍，將陷於「前無生路，後無退門」的局面，故率眾焚搶破壞墾民耕地屋舍，雙方啟釁互控，閩粵關係緊張，官方出面協調，臺灣知府汪楠勒立〈奉憲封禁古令埔碑〉，諭令：

> 古令埔永禁開墾，准社番自行墾耕；不許軍弁、通、土按地抽租，
> 亦不許圍莊，閩、粵人等不得侵佔滋事。如敢故違，定即拏究不貸。

〔註54〕

除了嚴禁漢人佔墾古令埔荒地外，亦不許屯辦、通事、土目按地抽租等情事，然准許當地原住民自行墾耕。從碑文可以解讀出此時漢墾者的足跡已達到內埔和萬巒等近山地區，顯示屏東平原的開發已呈現飽和狀態，同時也暴露出清領中葉本地閩粵族群對立和弱勢族群土地流失等社會問題。

〔註52〕見何培夫主編、林文睿監修：《臺灣地區現存碑碣圖誌：屏東縣‧臺東縣》，頁186。
〔註53〕昔日古令埔約在今日內埔鄉老埤村一帶，其範圍南至萬巒鄉鼎興，北至內埔鄉平頂山南，東至山腳，西至成德、老埤間，爲東港溪上游出谷口的河灘地，因長有植物「苦楝」，故取其諧音而名爲「古令埔」。上述說法參考自施添福總編纂，臺灣省文獻委員會採集組編輯：《臺灣地名辭書‧卷四‧屏東縣》（南投市：臺灣省文獻委員會，2001年），頁591。
〔註54〕見何培夫主編、林文睿監修：《臺灣地區現存碑碣圖誌：屏東縣‧臺東縣》，頁142。

三、塚地類

有清一代，臺灣官府爲了保護民間墳塚，屢屢勒石公告禁止損壞墳墓或在墓地放牧和掘取沙土，以及盜葬墳地等情事，各地皆可見到此類石碑。然而，檢視此類禁碑資料，大多由墳塚親屬或地方仕紳出面懇請官府出示禁令曉諭，由民間發起並自訂規約保護者較爲少見，本地僅見一例。乾隆三十九（1774）十一月，嵌頂紳民立碑，嚴禁掘土害塚，並約定罰則，茲錄〈嚴禁掘土害塚碑記〉如下：

> 港東之里，有街曰「嵌頂」。人煙輻輳，四民雲集，巍然一巨鎮也。
>
> 東望傀儡，蜿蜒磅礡，趨街首而闢康衢。西北有埔，形勢陡然，寬且厚實，爲本街屏藩、各庄門户焉。上有墓，鱗疊成塚；居民掘取砂石，逼墳埋幾溝壑矣！壘壘幽城，風淒露冷，一遭崩隤，魂魄何依？仁人君子能毋怵惕！矧乃地靈人傑，坤輿鍾衍，宜培厚，不宜劃削耶。
>
> 爰是，邀街庄立禁約：掘者罰戲，違即呈官，以固地脈、以安泉壤。
>
> 嗚呼！茲乃義舉，既詢謀而僉同，事屬良心，尚永遵而勿失！
>
> 乾隆三十九年十一月，莊江、柯哲瀾仝本街庄等立碑。〔註55〕

「嵌頂街」名稱始見於乾隆七年（1742），〔註56〕下淡水巡檢司公館亦曾設於此地。〔註57〕經過三十餘年的開發與經營，及至乾隆三十九年（1774）立碑時，已是「人煙輻輳，四民雲集」的「巍然巨鎮」。由碑文可知，乾隆中葉的嵌頂街道規模應已具有相當程度，而街之西北埔地，地勢隆起，既爲本地門户屏藩，同時也是居民墳地所在。由於本地人口日眾，闢地漸廣，殆因開發所致，缺少建設材料，百姓就地取材，任意挖取埔地沙石，竟使墓塚崩隤裸露，以致於「幾溝壑矣」。地方仕紳不忍見此，遂邀街庄代表共立公約，禁止採掘墳地沙土，以固地脈，以安泉壤。

此一公約的罰則爲「掘者罰戲」，即掘取墓地沙土者必須出資邀請戲班公演，以贖罪愆。在昔日封閉而保守的社會裡，「罰戲」是頗具份量的處罰規則，

〔註55〕見何培夫主編、林文睿監修：《臺灣地區現存碑碣圖誌：屏東縣・臺東縣》，頁168。

〔註56〕見劉良璧：《重修福建臺灣府志》（南投市：臺灣省文獻委員會，1993年），頁84。

〔註57〕見王瑛曾：《重修鳳山縣志》，頁32。

常見於民間所立的禁約碑，用意在藉由罰戲之舉，兼收公布姓名和經濟制裁的作用，使不法者有所警惕。如有不服罰戲制裁者，「違即呈官」，交付官府懲辦。違約者罰戲，頗類於現代社會要求公開登報道歉或公開宴客的意味，兩者有異曲同工之處，甚且寓含藉此娛樂鄉里的巧思。

四、祠廟祀業類

台人「好觀劇」，〔註58〕民間除了「違約罰戲」外，有時為了慎重起見，往往在立碑時演戲示禁，如竹田鄉的〈忠義亭申禁碑〉即是如此。光緒二十年（1894），忠義亭重修竣工後，為維護義祠整潔和管理秩序，以保全於後世，「特演戲申禁，勒在石內，以垂久遠」，茲錄三條禁約內容於下：

> 一、亭內不准人晒麻、豆、菁、穀及頓柴、草、穀、石與煽穀、礱穀等項；違者照禁約責罰，仍將其物充公。
>
> 一、亭內不准住家眷、畜牛豬，違者照禁約責罰。
>
> 一、亭前要求清吉，不准人放糞草，以致污穢；違者照禁約責罰。

〔註59〕

此碑為民間所立，對於違規者處以罰款，「不論何人，要公罰銀壹百圓為修亭之費」。最後要求義祠管理人必須時時巡查，如有徇私，「先罰掌亭人，後罰違者」，殊為罕見。

小 結

撫碑思古，讀文憶舊。從〈屏東書院章程碑記〉可知本地興學經過，亦見早期崇蘭蕭家對文教建設不遺餘力的貢獻。以〈廣東義民事略碑記〉紀事，粵籍義民保鄉衛土的事蹟得以具體傳世，客家精神和士氣因此凝聚。去思緬懷，旌功頌德，〈特簡直隸分州調補鳳山阿里港分縣呂公諱岳德政碑〉和〈福康安等平亂頌德碑記〉記錄清代官員治績。屏東市慈鳳宮捐題碑可見本地社群關係，而喜捨產業換取香位，不只申明生前業產，更流露出希冀炊嘗不斷的人生觀念。義渡積德，渡人也渡己；門樓紀年，人心猶思漢。

〔註58〕見陳文達：《鳳山縣志》，頁 80。

〔註59〕見何培夫主編、林文睿監修：《臺灣地區現存碑碣圖誌：屏東縣‧臺東縣》，頁 130。

　　從數起惡習類示禁碑可知，游民、棍徒和羅漢腳等社會邊緣人是危害社
會治安的直接因素，而吏治不佳則是助長社會不安的間接因素。社會邊緣人
對於地方治安的弊端明顯可見，此輩復與不肖衙役、里保串謀勾結，互為狼
狽，必然產生惡性相乘的效果。設若地方牧民者任事苟且，態度敷衍，對於
社會風紀更是雪上加霜，終至民怨盈途，一發不可收拾的地步。在此種社會
氛圍之下，縱有清官良吏亦難施展身手，地方因此難以安靖，自然出現「無
十年不叛」與「三年一小反，五年一大反」的情形，〔註60〕從〈嚴禁玩保蠹
差藉屍嚇詐碑記〉和〈嚴禁自盡圖賴碑記〉便可觀察到這個現象。此外，文
武二碑隱藏著微妙的官秩倫理，以及基層佃民所遭受的不平待遇，而〈奉憲
封禁古令埔碑〉則暴露出閩粵族群對立和弱勢者喪失地權的社會問題。墳塚
示禁，既安地理，亦澤及枯骨。民間對於違反公約者，經常以罰戲和金錢做
為處分的方式，〈嚴禁掘土害塚碑記〉和〈忠義亭申禁碑〉可為證明。解讀本
地碑碣內容，可得地方文史、族群關係、社會積弊和官場文化等諸端資料，
石文可以證史，洵為不刊之論。

　　茲將屏東地區的示禁碑整理成「表8－1」，以供參考。

表8－1：屏東地區示禁碑

碑　　名	立碑時間	立碑地點	示禁分類	備　　註
〈嚴禁塭丁截溝捕採危害田禾碑記〉	乾隆二十六年四月	東港鎮	拓墾類	武碑
〈嚴禁塭丁截溝捕採危害田禾碑記〉	乾隆二十六年六月	東港鎮	拓墾類	文碑
〈勘定圳界給示碑記〉	乾隆二十六年九月	里港鄉	拓墾類	
〈嚴禁店屋侵佔廟界碑記〉	乾隆三十九年十一月	九如鄉	祠廟祀業類	
〈嚴禁掘土害塚碑記〉	乾隆三十九年十一月	崁頂鄉	塚地類	

〔註60〕分見劉璈：《巡臺退思錄》第一冊（臺北市：臺灣銀行經濟研究室，1958年），
　　　　頁74；徐宗幹：《斯未信齋文編》（臺北市：臺灣銀行經濟研究室，1960年），
　　　　頁70。

碑　名	立碑時間	立碑地點	示禁分類	備　註
〈嚴禁棍徒流匪侵擾碑記〉	乾隆四十三年五月	枋寮鄉	惡習類	
〈嚴禁開賭強乞翦絡碑記〉	乾隆四十七年六月	里港鄉	惡習類	
〈嚴禁玩保蠹差藉屍嚇詐碑記〉	乾隆四十八年七月	屏東市	惡習類	
〈公定糖量石駝碑記〉	嘉慶十九年十二月	里港鄉	惡習類	
〈奉憲封禁古令埔碑〉	嘉慶二十年五月	內埔鄉	拓墾類	
〈公定斗量碑記〉	道光六年四月	萬丹鄉	惡習類	
〈嚴禁搭建草蓬碑記〉	道光二十年六月	屏東市	其他類	原碑已佚
〈嚴禁轎店抬勒轎價碑記〉	同治十一年十月	屏東市	惡習類	附於〈義祠亭碑記〉
〈嚴禁自盡圖賴碑記〉	光緒二年七月	恆春鎮	惡習類	
〈忠義亭申禁碑〉	光緒二十年	竹田鄉	祠廟祀業類	

第九章 結 論

一、研究心得

　　從臺灣的歷史脈絡來看，屏東的政教開發顯得極爲緩慢。史前時期雖然沒有任何政治組織和文教設施，但是原住民的生活紀實和文學作品以口耳相傳的方式保存下來，透過外來者的文字記錄使原住民的神話、傳說和敘事歌謠得以重現，其價值不只是「海外紀異，以資采風」，而是將日趨弱勢的高山族群和瀕臨消失的平埔族群，找到臺灣先民們逐漸被淡忘的文化遺產和歷史圖像。

　　荷蘭人將臺灣當成經濟掠奪的場域，雖然在臺灣進行初步的「教化」活動，對原住民的「教育」帶來啓蒙作用，卻是爲了遂行傳教和政務的目的，對於臺灣的「文學」發展沒有正面的助益。鄭氏來臺，引進中國政教制度，雖然爲臺灣文教的發展開啓新頁，惟下淡水溪以東地區被當成處置流人的煙瘴蠻荒之地，漢人的教化效果依舊在此停滯不前。清領時期在鳳山縣設置官方文教機構，傳播儒學教育，初期的「教化」效果對於屏東地區的影響並不明顯。然而，隨著漢人知識份子的移入，漢語文學於焉傳播本地。嘉慶朝以後，屏東地區陸續設立書院，透過官方和民間文教機構的澆灌，逐漸培養出具有基層功名的在地文人，在地的古典文學種子亦隨之萌芽、開花和結果。

　　屏東地區的口傳文學，以排灣族、魯凱族的神話傳說和平埔族鳳山八社的敘事歌謠爲代表。由於排灣族群分佈範圍極廣，其始祖誕生故事受到他族文化的交混影響，顯得多元而複雜，是爲特色。在對抗大自然的故事，杵日之說可見排灣族女性的重要地位，洪水故事透露出族群重建和農作復甦的訊

息。五年祭的傳說具有維繫和凝聚族群向心力的宗教意涵。魯凱族的族群起源，主要聚焦在陶壺、太陽和百步蛇等圖騰物，含有濃厚的崇拜色彩和社會階級意識。在對抗大自然的故事，其洪水故事解釋頭目土地權的來源和人群分居的看法，而射日之說具有時間流動和世代傳承的意義。鬼湖之戀是魯凱族最獨特的傳說，凸顯該族婦女對愛情的勇敢和堅貞，同時含有階級婚姻的觀念。鳳山八社的敘事歌謠，經過清代漢人的記錄和翻譯，使屏東地區平埔族的歷史圖像得以再現。其中，頌祖歌含有教育子孫和緬懷祖先的意義；耕種歌勉勵族人把握農耕時節；飲酒歌反映族人活潑熱情的樂天性格；待客歌呈現原住民真誠對人的謙遜態度。這些敘事民歌保存早期屏東地區的庶民生活文化，可以視為屏東文學的「國風」之章。

　　清領時期描寫屏東地區的詩歌作品，可以分成寫景、視察、采風和記遊等題材，表現在八景詩、巡社詩、竹枝詞和記遊詩，創作者包括中國宦遊人士和臺灣本土文人。最初，由於屏東隸屬鳳山縣所轄，本地勝景被納入「鳳山八景」，分別是「琅嶠潮聲」、「淡溪秋月」和「球嶼曉霞」，作者為中國宦遊人士和具有基層功名的本土文人，描述的重點在潮聲、月夜和朝霞，以想像、誇飾和渲染的筆觸鋪陳奇景，寫實的成分並不高，因作者群的身份和賓主唱和的關係，可以看到歌頌聖朝恩澤、宇內昇平的詞句。恆春八景是屏東地區唯一的八景組合，創作年代在光緒年間，書寫的對象有自然景觀和人為景物，顯示清季文人對於地區八景的選定，隨著時代的變遷和觀念的突破，不再侷限於天然景色的範疇。在此之前，恆春向為荒服之地，設縣派官之後，宦遊文人到此，得將本地景觀編成八景，使恆春景物被「看見」，亦是「政治」影響文學的例子。巡社詩是中國官吏視察平埔族鳳山八社的作品，以宋永清、譚垣和巡臺御史的作品為代表，含有抒發宦情、宣揚教化、考察民瘼、鋪陳政績和異國風情等成分，正好記錄清領時期屏東平埔族鳳山八社漢化的過程。清領時期的屏東竹枝詞，以東港竹枝詞、恆春竹枝詞和原住民竹枝詞為代表。卓肇昌以本土文人的眼光刻畫東港風光，風格典雅抒情，近似寫景絕句，卻失去竹枝采風記實的本質。清季中國文人宦遊恆春，屠繼善等人留下三十首恆春竹枝詞，三組聯章運用口語和方言入詩，題材極為多元，書寫內容涉及原住民的生活風貌、漢人移民的生態、原住民與漢人移民的衝突、原漢族群通婚、原住民的教化、特殊的氣候和物產，以及作者的海外感懷等，充滿濃厚的「在地感」，具有自然而質樸的本色。客觀來說，本土文人的竹枝

詞，因爲創作者貼近斯土，反而無法凸顯當地風物和人情的特色，而宦遊文
人的竹枝詞，能以新奇的眼光注視本地的人文和風土，內容豐富而生動，卻
能符合竹枝詞寫實和記異的特質。原住民竹枝詞的書寫對象爲朱阿里仙族和
排灣族，兩組作品的書寫者皆爲宦遊人士，一在清領初期，一在清領末期，
所述內容皆與本地排灣族的風土、民情和習俗有關，具有地方文學和文獻的
參考價值，在缺乏更多的資料佐證兩組作品眞僞之前，應當存而不廢。屏東
的記遊詩，出現於乾隆朝以後，陳輝和卓肇昌是本土文人，以悠閒抒情的心
境寫下足跡履及之處，除了客觀地描述南屏東的風光景色之外，陳輝同時記
錄平埔族歌謠和當地特殊物產，卓肇昌則將遊歷與傳說結合，在模擬與揣摩
之中，試圖走出自己的風格。林樹梅因爲政務行旅記遊，卻能獨具慧眼，以
務實的觀點對瑯嶠邊境的地理形勢和社群關係提出警語和建言，有別於同時
期中國文人宦遊臺灣的作品。

　　清領時期屏東本地文人的詩歌，以張維垣、邱國楨和江昶榮爲代表，三
人皆生於道光朝以後，俱爲客籍人士，均有科甲功名。張維垣早年離鄉，在
外任官，終老苗栗，生平吟詠並無屏東相關事物，其詩言志，喜用典故，多
寫物、贈答、弔輓、詠古，亦有勉己，能透過不同的題材表達人生理念和感
悟。邱國楨的百餘首七絕，爲臺灣文學史罕見的情詩組曲，以自己的立場出
發，直接表達對意中人的愛慕和追求，雖然刻意用事和強調技巧，惟用語自
然、文字平實，情眞而意切，使人深刻感受其思念和苦戀的情感。江昶榮生
於斯、長於斯，是屏東唯一的在地進士，惟宦途坎坷，不遇於時，以七言見
長，七律最多，不僅眞實地記錄生平際遇與心路歷程，更可見到對於鄉土的
人文關懷和在地書寫。整體而言，屏東的在地文人崛起於清領中期以後，客
籍子弟在科甲功名和詩歌創作的表現較閩籍子弟突出，成爲此時屏東文學的
特徵。

　　清代的屏東賦，以「恆春三賦」爲代表。三賦的內容具有地方文教和歷
史參考價值，適可塡補官方文獻資料的不足。鍾賦透露出當地塾師的水準不
佳，使得教化績效遲滯不前，乃有定期考校師資的配套措施。從另一個側面
來看，或因恆春地遠，致使良師難聘，猶如現在偏鄉地區無法長期挽留教育
工作者的困境。康賦論及恆春地區原漢族群性格的差異，兼述歷史沿革、風
土人情和山川名勝，同時寫入地名與番社，不僅是風土賦，亦是形勝賦。屠
賦「以賦代志」，行文駢散並用，刻意模仿漢賦，以主客問答方式總論恆春概

況，包括設治、民俗和風土等內容，復提出治理策略，可見作者的經營才幹，有別於鍾、康兩賦。此外，由於三賦的作者皆來自中國內地，可以據此推估清季的恆春地區還沒有培養出具有書寫賦作能力的在地文人。

　　清代屏東地區的散文作品，皆錄在官方志書，包括朝廷奏章、諭令告示、陳情議論和列女紀事，清一色都是應用性質的文章，文學韻味並不濃厚。書寫者的身份有封疆大吏、來臺佐幕文人和本土基層科甲士子。由於清領中期以前，屏東地區閩、粵兩籍械鬥頻仍，舉凡覺羅滿保的奏章、藍鼎元的文告和鄭蘭的論文，莫不著眼於漢人移民的族群問題，此為清領時期臺灣散文書寫的重要主題之一。覺羅滿保的奏章，除了向朝廷表述平亂的經過之外，更隱藏著政治算計。透過此一奏章的上陳，將下淡水的粵人轉化成為協官義民，藉此巧妙地沖淡藍廷珍的戰功，客家移民的社會地位從此獲得提升和鞏固，六堆地方武力組織也正式成形，不僅改變屏東地區族群生態的平衡，更深刻地影響本地的空間配置，使得客家人在此落地生根，成為臺灣社會的主要族群之一。從深遠的角度來看，客家出丁助官平亂的模式，日後屢屢被運用於臺灣動亂的現場，此舉更加深化閩、粵兩籍之間的裂痕，造成族群長期分化與對立，可謂「臺灣難治」的隱性原因。後來，藍鼎元的文告和鄭蘭的論文都是閩、粵族群問題的反映，顯見清代屏東地區閩、粵族群問題的嚴重。藍鼎元的文告，表面雖在止息閩人毆死粵人的命案糾紛，實際仍是在防止族群仇視對立問題的延燒。藍氏以客觀而嚴正的態度告誡閩、粵兩籍，不許輕舉妄動、藉機生事，使原本劍拔弩張的緊張局勢得以平靜下來，惟此一文告僅止於治標，根本之道仍在官方政策的偏頗，從鄭蘭的論文便可窺得端倪。鄭蘭以閩人的立場出發，對當局建議追回早期六堆客家平亂之後所獲的火砲。朱一貴事件後，官方對於下淡水粵人刻意褒賞，用以牽制閩人勢力，其「扶粵制閩」之意甚明，卻造成粵籍恃強凌弱，構成地方的威脅，頗有尾大不掉之勢。從另一個方向思考，細究鄭蘭所議「追回粵砲」的內涵，恰能反映出清人治臺策略的失衡之處。平心而論，這些「公文」的藝文成分不高，卻具有強烈的記事性和論述性，經由文字內容可以看出作者對於當時的人物和事件所要表達的想法，竟比詩、賦等藝文作品呈現更多的文學真實和社會人事，可以說這些「作品」提供後代文學和史學寬廣的詮釋空間。清領中期以後，臺灣社會逐漸轉為文治型態，族群衝突得到緩和，嘉慶年間屏東地區陸續設立書院，開始培養出具有基層功名的科甲社群，這些士子或在當局修纂方志

的要求之下，投入參與輯錄屏東地區列女事蹟的工作，教化社會的用意不言可知。從文學發展的角度而言，可以見到屏東在地文人的崛起，有助於本地文教事業的推展，並且透過這些知識份子的書寫，屏東女性從此得以「流芳千古」，可視爲本地文人的另類文學表現。然而，本地文人的作品僅僅表現在記錄婦女的「典範」事蹟，惟其他抒情作品則付之闕如，顯然是受到官方的「規範」所致，實屬無奈之事。

　　中國碑碣隨著移民的腳步傳入臺灣，所謂「以石代金，同乎不朽」。屏東地區並未發現明代碑記，可能的原因有二，其一是明鄭時期本地區是罪人流放的所在，因而缺乏可以「立德、立功、立言」的事蹟；其二是受到政治因素的影響，明鄭時期的碑記遭到清人刻意摧毀，如同國民黨政府刪削磨滅日治時期的碑記，其理皆然。蓋清代碑記依石文內容可以分成沿革、紀事、頌德、捐題和示禁等五類，沿革碑敘述事物發展和變化的歷程，紀事碑記載地方事實，頌德碑表揚官吏功德，捐題碑係眾人募資捐建公共物產，示禁碑用意在公告和警示，而以各項示禁的內容最具地方特色。總之，閱讀清代屏東碑記，不僅可以瞭解當時的地方事件、文史發展、族群關係、社會積弊和官場倫理等現象，更可充實屏東古典文學發展史的扉頁。

　　綜上所述，除了原住民的口傳文學之外，以作品體裁而言，詩歌是清領時期屏東文學的主流作品。而從作者身份而言，清領時期屏東文學舞臺中央的主角是宦遊文人，這點從作者的人數和作品的數量即可判知，臺灣文人居於陪襯的角色，在地文人的創作明顯偏少，或者說是受到相當程度的侷限所致。此時，中國文人掌握著書寫的主導權和詮釋權，八景詩的寫作情形即是如此。而且，詩歌吟詠的內容幾乎都圍繞著宦遊者所遭遇的生活現實，舉凡巡社詩、竹枝詞和記遊詩都有此種現象。其中，詩歌的表現要以巡社詩和竹枝詞最爲突出，透過來自宦遊文人的描繪和詮釋，這些創作即使充滿「天朝宣恩」與「漢族優越」的刻板觀點，卻是最能凸顯屏東「在地」感受的作品，使本地族群文化和庶民生活的文學記憶得到保存。

二、研究困境和未來展望

　　本論文以清領時期的屏東文學爲研究主題，研究的對象有原住民的口傳文學、詩歌、賦作、散文和碑記。臺灣原住民沒有自己的文字，各族的口傳資料已經被輾轉翻譯成現代文字，進行部落的田野調查時，由於筆者不懂原

住民語言，無法直接得知故事的原貌，必須透過中間人的口譯，而年輕的族人對於母語不甚嫺熟，年長的耆老則因記憶模糊，經常「語焉不詳」，致使採集工作十分困難，多半只能從現有的書面資料進行歸納和分析，這是撰寫原住民口傳文學的難爲之處。透過採訪的過程，同時瞭解到政府雖然努力保存各族母語，其效果仍是相當有限。此外，耆老和年輕族人之間對於部落故事和歌謠的傳承逐漸出現斷層，隱約可見到文化薪傳的危機。時至今日，原住民的神話傳說已經不再是世代相傳的「口傳文學」，而是書面文學。

在古典詩文方面，投注心力最多的莫過於尋覓作家及其相關資料，而若干清代文人的作品「今已未傳或不存、已佚」，只能從現存的方志和文獻耙梳整理出有關屏東的作品。其實，清領時期的屏東地區並非是「無人」或「無文」之地，只是因爲年代久遠或史料保存意識不足，使得許多珍貴的文史資料往往在無意間消逝無蹤。因此，作家詩文史料的取得，仍是未來研究是否能夠順利展開的關鍵。只是此種尋覓文史資料的過程，往往是可遇而不可求的結果。而且，僅以個人的力量進行研究或搶救，對於即將要消失的區域文學記憶來說，終究令人有緩不濟急的迫切感。若是能結合政府相關部門、學界的資源和當地文史工作者的力量，組成專業的學術性研究團隊進行有計畫的田野調查與蒐集整理，預期可以獲得較好的成果。再則，既有的文本資料無法長期完整的留存，將來仍會受到時間的侵蝕，必須利用現代科技將屏東文學的資料予以數位化，期使資料能夠更加完善的保存下來而永續發展。

本論文對於清領時期屏東文學的探究，至此告一段落，雖已獲得初步的成果，有助於勾勒出部分屏東文學發展的輪廓，藉以補綴過去研究的罅漏，而在論文的形式上，期盼能在相關課題的撰寫角度或章節內容，提供未來有志於屏東文學者論述時的參考。但以本論文目前的成績和所掌握的資料，要建構起「屏東文學發展史」，實仍有諸多薄弱和不足之處，如日治時期的屏東文學發展，便是亟待開發的領域，期許同道能夠爲此努力。假以時日，或能累積個人和眾人的研究成果，共同填補此一缺口。

參考書目

專　書

1. 〔晉〕皇甫謐：《高士傳・卷中》（板橋市：藝文，1966 年）。

2. 〔唐〕歐陽詢：《藝文類聚》卷一（臺北市：文光，1977 年）。

3. 〔金〕長春眞人編纂：《歷世眞仙體道通鑑》，收入《正統道藏》第八冊（臺北市：藝文印書館，1977 年）。

4. 〔清〕康熙刻本，李祖基點校：《蓉洲詩文稿選輯 東寧政事集》（無出版地，香港人民出版社，2006 年）。

5. 丁曰健編：《治臺必告錄》（臺北市：臺灣銀行經濟研究室，1959 年）。

6. 丁紹儀：《東瀛識略》（南投市：臺灣省文獻委員會，1996 年）。

7. 小林保祥著、松澤員子編、謝荔譯：《排灣族傳說集》（臺北市：南天，1998 年）。

8. 小川尚義、淺井惠倫：《原語にょろ臺灣高砂族傳説集》（臺北市：臺北帝國大學言語學研究室，1935 年）。

9. 中國科學院圖書館選編：《萬曆・雷州府志》（北京：中國書店，1992 年）。

10. 六十七：《番社采風圖考》（臺北市：臺灣銀行經濟研究室，1961 年）。

11. 尹建中執行研究：《臺灣山胞各族傳統神話故事與傳說文獻編纂研究》（臺北市：臺灣大學人類學系，1994 年）。

12. 尹章義：《臺灣開發史研究》（臺北市：聯經，1989 年）。

13. 尹章義總編纂：《萬巒鄉志》（屏東縣萬巒鄉：屏縣萬巒鄉公所，2008 年）。

14. 尹德民編：《清代臺灣鳳山縣文官年表》（高雄市：高雄市文獻委員會，2000 年）。

15. 巴蘇亞・博伊哲努（浦忠成）：《臺灣原住民文學史綱（上）》（臺北市：里仁，2009 年）。

16. 巴蘇亞・博伊哲努（浦忠成）：《臺灣原住民的口傳文學》（臺北市：常民文化，1996 年）。

17. 文史哲出版社編輯部編：《中國美術家名人辭典》（臺北：文史哲，1983 年）。

18. 王必昌：《重修臺灣縣志》（南投市：臺灣省文獻委員會，1993 年）。

19. 王松：《臺陽詩話》（臺北市：臺灣銀行經濟研究室，1959 年）。

20. 王建竹主編：《臺中詩乘》（臺中市：臺中市政府，1976 年）。

21. 王建章纂輯：《歷代神仙史》（臺北市：新文豐，1979 年）。

22. 王嵩山：《臺灣原住民的社會與文化》（臺北市：聯經，2001 年）。

23. 王瑛曾：《重修鳳山縣志》（南投市：臺灣省文獻委員會，1993 年）。

24. 王詩琅：《日本殖民體制下的臺灣》（臺北市：眾文圖書，民 69 年）。

25. 王詩琅譯：《臺灣社會運動史・文化運動》（臺北縣：稻香，1988 年）。

26. 古野清人著，葉婉奇譯：《臺灣原住民的祭儀生活》（臺北市：原民文化，2000 年）。

27. 古福祥纂修：《屏東縣志・卷五・教育志》（屏東市：屏東縣文獻委員會，1968 年）。

28. 必麒麟著；陳逸君譯述：《歷險福爾摩沙》（臺北市：前衛，2010 年）。

29. 田哲益：《臺灣原住民的社會與文化》（臺北市：武陵，2001 年）。

30. 伊能嘉矩：《臺灣文化志・上卷（中譯本）》（臺中市：臺灣省文獻委員會，1991 年）。

31. 伊能嘉矩：《臺灣文化志・中卷（中譯本）》（臺中市：臺灣省文獻委員會，1991 年）。

32. 伊能嘉矩：《臺灣文化志・下卷（中譯本）》（臺中市：臺灣省文獻委員會，1991 年）。

33. 伊能嘉矩著、楊南郡譯：《臺灣踏查日記（上）、（下）》（臺北市：遠流，2002 年）。

34. 全臺詩編輯小組編撰：《全臺詩》第壹冊（臺北市：遠流，2004 年）。

35. 全臺詩編輯小組編撰：《全臺詩》第貳冊（臺北市：遠流，2004 年）。

36. 全臺詩編輯小組編撰：《全臺詩》第參冊（臺北市：遠流，2004 年）。

37. 全臺詩編輯小組編撰：《全臺詩》第肆冊（臺北市：遠流，2004 年）。

38. 全臺詩編輯小組編撰：《全臺詩》第伍冊（臺北市：遠流，2004 年）。

39. 全臺詩編輯小組編撰；施懿琳主編：《全臺詩》第玖冊（臺南市：臺灣文學館，2008 年）。

40. 全臺詩編輯小組編撰；施懿琳主編：《全臺詩》第拾冊（臺南市：臺灣文學館，2008 年）。

41. 安倍明義：《臺灣地名研究》（臺北市：武陵，1996 年）。

42. 朱仕玠：《小琉球漫誌》（南投市：臺灣省文獻委員會，1996 年）。

43. 朱仕玠：《小琉球漫誌》（臺北市：臺灣銀行，1957 年）。

44. 江樹生譯註：《熱蘭遮城日誌（一）》（臺南市：臺南市政府，1999 年）。

45. 江樹生譯註：《熱蘭遮城日誌（二）》（臺南市：臺南市政府，1999 年）。

46. 江寶釵：《臺灣古典詩面面觀》（臺北市：巨流，1999 年）。

47. 佐山融吉、大西吉壽：《生蕃傳說集》（臺北市：杉田重藏，1923 年）。

48. 佐山融吉：《蕃族調查報告書》（臺北市：臨時臺灣舊慣調查會，1914 年）。

49. 佐倉孫三：《臺風雜記》（南投市：臺灣省文獻委員會，1996 年）。

50. 何星亮：《圖騰文化與人類諸文化的起源》（北京市：中國文聯，1991 年）。

51. 何培夫：《臺灣碑碣的故事》（南投市：臺灣省政府，2001 年）。

52. 何培夫主編、林文睿監修：《臺灣地區現存碑碣圖誌：屏東縣·臺東縣》（臺北市：國立中央圖書館臺灣分館，1995 年）。

53. 余文儀：《續修臺灣府志》（南投市：臺灣省文獻委員會，1993 年）。

54. 佚名：《臺灣府輿圖纂要·道里》（臺北市：臺灣銀行，1963 年）。

55. 李曰剛：《中國辭賦流變史》（臺北市：國立編譯館，1997 年）。

56. 李丕煜：《鳳山縣志》（南投市：臺灣省文獻委員會，1993 年）。

57. 李亦園：《臺灣土著民族的社會與文化》（臺北市：聯經，1982 年）。

58. 李光周著、尹建中編：《墾丁史前住民與文化》（臺北縣板橋市：稻鄉，1996 年）。

59. 李祖基：《臺灣歷史研究》（臺北市：海峽學術，2008 年）。

60. 李常受譯，《聖經·創世紀》（恢復本）（臺北市：臺灣福音書房，2007 年）。

61. 李筱峯、劉峯松合著：《臺灣歷史閱覽》（臺北市：自立晚報，1997 年）。

62. 李福清：《從神話到鬼話——臺灣原住民神話故事比較研究》（臺中市：晨星，1998 年）。

63. 村上直次郎日文譯註、程大學譯：《巴達維亞城日記》（臺北市：眾文圖書，1991 年）。

64. 沈有容：《閩海贈言》（南投縣：臺灣省文獻委員會，1994 年）。

65. 沈括：《夢溪筆談》（北京：中華，1985 年）。

66. 沈謙：《修辭方法析論》（臺北市：宏翰，1992 年）。

67. 阮昌銳：《臺灣土著族的社會與文化》（臺北市：臺灣省立博物館，1994年）。

68. 周元文：《重修臺灣府志》（南投市：臺灣省文獻委員會，1993年）。

69. 周鍾瑄：《諸羅縣志》（南投市：臺灣省文獻委員會，1993年）。

70. 周璽：《彰化縣志》（南投市：臺灣省文獻委員會，1993年）。

71. 東海大學中國文學系編輯：《臺灣古典文學與文獻》（臺北市：文津，1999年）。

72. 松崎仁三郎作：《嗚呼忠義亭（中譯本）》（屏東市：屏縣六堆文化研究學會，2011年）。

73. 林文龍：《臺灣的書院與科舉》（臺北市：常民文化，1999年）。

74. 林右崇編：《人文恆春之旅：墾丁國家公園人文觀光》（臺北縣永和市：東皇文化，1997年）。

75. 林茂生著、林詠梅譯：《日本統治下臺灣的學校教育：其發展及有關文化之歷史分析與探討》（臺北市：新自然主義，2000年）。

76. 林淑慧：《臺灣清治時期散文的文化軌跡》（臺北市：臺灣學生，2007年）。

77. 林道生：《原住民神話與文化賞析》（臺北市：漢藝色研，2003年）。

78. 林道生編著：《原住民神話故事全集（1）》（臺北市：漢藝色研，2004年）。

79. 林道生編著：《原住民神話故事全集（4）》（臺北市：漢藝色研，2004年）。

80. 林熊祥：《臺灣省通志稿・學藝志・文學篇》第一冊（臺北市：臺灣省文獻委員會，1952年）。

81. 林豪：《東瀛紀事》（臺北市：成文，1983年）。

82. 林樹梅：《歗雲詩鈔》（臺北市：大眾印書館，1968年）。

83. 林獻堂先生紀念集編纂委員會：《林獻堂先生紀念集三卷》卷一〈林獻堂先生年譜〉（臺北縣永和鎮：文海，1974年）。

84. 河野喜六、小島由道：《番族慣習調查報告書》第五卷（臺北市：中央研究院民族研究所，2003年）。

85. 邱春美：《六堆客家古典文學研究》（臺北市：文津，2007年）。

86. 邱淵惠：《臺灣牛：影像・歷史・生活》（臺北市：遠流，1997年）。

87. 邱統凡、邱春美著：《六堆甲午抗日精神領袖 歲進士 儒學正堂 邱國楨》（屏東縣內埔鄉：邱統凡，2012年）。

88. 金榮華整理：《臺灣高屏地區魯凱族民間故事》（臺北市：中國口傳文學學會，1999年）。

89. 屏東縣文獻委員會編印：《屏東縣志・卷一・地理志》（臺北市：成文，1983年）。

90. 屏東縣政府編：《重修屏東縣志・卷五・文教志》（屏東市：屏東縣政府，1993 年）。

91. 故宮博物院藏：《道光朝軍機處摺件》，文獻編號 058972。

92. 施添福總編纂，臺灣省文獻委員會採集組編輯：《臺灣地名辭書・卷四・屏東縣》（南投市：臺灣省文獻委員會，2001 年）。

93. 施雅軒：《戰爭、空間、六堆客家：另一臺灣歷史地理學的展演》（高雄市：麗文文化，2011 年）。

94. 胡傳輯：《臺東州採訪冊》（臺北市：國防研究院，1968 年）。

95. 范咸：《重修臺灣府志》（南投市：臺灣省文獻委員會，1993 年）。

96. 范純甫：《原住民風情》（臺北市：華嚴，1996 年）。

97. 范曄：《後漢書》（北京：中華書局，1973 年）。

98. 郁永河：《裨海紀遊》（臺北市：臺灣銀行，1959 年）。

99. 唐贊袞：《臺陽見聞錄》（南投市：臺灣省文獻委員會，1996 年）。

100. 孫元衡：《赤嵌集》（臺北市：臺灣銀行經濟研究室，1958 年）。

101. 宮本延人：《臺灣的原住民族》（臺中市：晨星，1993 年）。

102. 徐宗幹：《斯未信齋文編》（臺北市：臺灣銀行經濟研究室，1960 年）。

103. 浦忠成：《臺灣原住民的口傳文學》（臺北市：常民，1997 年）。

104. 翁聖峰：《清代臺灣竹枝詞之研究》（臺北市：文津，1996 年）。

105. 高拱乾：《臺灣府志》（南投市：臺灣省文獻委員會，1993 年）。

106. 高偉編：《臺灣少數民族──魯凱》（北京：臺海，2008 年）。

107. 屠繼善：《恆春縣志》（南投市：臺灣省文獻委員會，1993 年）。

108. 屠繼善：《恆春縣志》（臺北市：臺灣銀行，1960 年）。

109. 張子文、郭啓傳、林偉洲撰文，國家圖書館特藏組編：《臺灣歷史人物小傳：明清暨日據時期》（臺北市：國家圖書館，2006 年）。

110. 張良澤編：《臺灣文教──臺灣文學重建的問題》（高雄市：德馨室出版社，民 68 年）。

111. 張紫晨：《民間文學基本知識》（上海市：上海文藝，1979 年）。

112. 曹永和：《臺灣早期歷史研究》（臺北市：聯經，2002 年）。

113. 莫渝、王幼華著：《苗栗縣文學史》（苗栗市：苗栗縣立文化中心，2000 年）。

114. 許功明著：《魯凱族的文化與藝術》（臺北縣板橋市：稻鄉，2001 年）。

115. 許佩賢：《殖民地臺灣的近代學校》（臺北市：遠流，2005 年）。

116. 許佩賢譯：《攻臺見聞──風俗畫報・臺灣征討圖繪》（臺北市：遠流，1997 年）。

117. 許俊雅、吳福助主編:《全臺賦》(臺南市:國家臺灣文學館籌備處,2006年)。

118. 許雪姬、薛化元、張淑雅等撰文:《臺灣歷史辭典》(臺北市:文建會,2004年)。

119. 許惠玟選注:《陳輝・章甫集》(臺南市:臺灣文學館,2011年)。

120. 連橫:《臺灣通史》(臺北市:眾文圖書,1979年)。

121. 連橫:《臺灣詩乘》(南投市:臺灣省文獻委員會,1992年)。

122. 連橫:《臺灣詩薈・下冊》(南投市:臺灣省文獻委員會,1992年)。

123. 郭漢辰、黃文車主編:《文學饗宴:2011屏東文學學術研討會論文集》(高雄市:春暉,2012年)。

124. 陳千武:《臺灣原住民的母語傳說》(臺北市:臺原,1991年)。

125. 陳文達:《鳳山縣志》(南投市:臺灣省文獻委員會,1993年)。

126. 陳其南:《臺灣的傳統中國社會》(臺北市:允晨文化,1987年)。

127. 陳香編著:《臺灣竹枝詞選集》(臺北市:臺灣商務,2006年)。

128. 陳淑均編:《噶瑪蘭廳志》(臺北市:臺灣銀行經濟研究室,1963年)。

129. 陳逸雄編:《陳虛谷作品集・上冊》(彰化市:彰化縣立文化中心,1997年)。

130. 陳運棟、鄭錦宏著:《張維垣進士家世》(苗栗市:苗縣文化觀光局,2010年)。

131. 陳運棟主編、頭份鎮志編輯委員會編校:《頭份鎮志・人物志》(苗栗縣頭份鎮:頭份鎮公所,1980年)。

132. 陳漢光編:《臺灣詩錄・上冊》(臺中市:臺灣省文獻委員會,1984年)。

133. 陳漢光編:《臺灣詩錄・下冊》(臺中市:臺灣省文獻委員會,1984年)。

134. 喬宗忞撰稿:《臺灣原住民史・魯凱族史篇》(南投市:臺灣省文獻委員會,2001年)。

135. 彭瑞金:《高雄市文學史——古典篇》(高雄市:高市文獻會,2007年)。

136. 彭瑞金編註:《鳳邑古典詩文賞析》(高雄縣岡山鎮:高縣文化局,2009年)。

137. 曾國棟:《臺灣的碑碣》(臺北縣新店市:遠足文化,2003年)。

138. 曾彩金總編纂:《六堆客家社會文化研究發展與變遷之研究・藝文篇(上)》(屏東市:六堆文化教育基金會,2001年)。

139. 森丑之助:《臺灣蕃族志》(臺北市:臨時臺灣舊慣調查會,1917年)。

140. 游惠遠:《宋元之際婦女地位的變遷》(臺北市:新文豐,2003年)。

141. 童春發：《臺灣原住民史·排灣族史篇》（南投市：臺灣省文獻委員會，2001 年）。

142. 逯欽立輯校：《先秦漢魏晉南北朝詩》（臺北市：木鐸，1988 年）。

143. 黃本驥編：《歷代職官表》（臺北市：宏業書局，1994 年）。

144. 黃叔璥：《臺海使槎錄》（南投市：臺灣省文獻委員會，1996 年）。

145. 黃美玲編著：《魯凱之歌》（屏東市：屏東縣立文化中心，1999 年）。

146. 黃逢昶：《臺灣生熟番紀事》（臺北市：臺灣銀行經濟研究室，1960 年）。

147. 黃新亞、鍾建英等纂：《苗栗縣志·人物志》（臺北市：成文，1983 年）。

148. 楊南郡：《臺灣百年前的足跡》（臺北市：玉山，1996 年）。

149. 楊彥杰：《荷據時代臺灣史》（臺北市：聯經，2000 年）。

150. 照史（林曙光）：《打狗滄桑》（高雄市：春暉，1985 年）。

151. 葉石濤：《臺灣文學史綱》（高雄市：春暉，1998 年）。

152. 董芳苑：《臺灣人的神明》（臺北市：前衛，2008 年）。

153. 達西烏拉彎·畢馬（田哲益）：《臺灣的原住民——排灣族》（臺北市：臺原，2002 年）。

154. 達西烏拉彎·畢馬（田哲益）：《排灣族神話與傳說》（臺中市：晨星，2003 年）。

155. 達西烏拉彎·畢馬（田哲益）：《魯凱族神話與傳說》（臺中市：晨星，2003 年）。

156. 鈴木作太郎著、陳萬春譯：《臺灣蕃人的口述傳說》（臺北市：中國口傳文學學會，2003 年）。

157. 鈴木質：《臺灣原住民風俗誌》（臺北市：臺原，1999 年）。

158. 鈴木質著、吳瑞琴編校：《臺灣原住民風俗誌》（臺北市：臺原，1992 年）。

159. 廖一瑾：《臺灣詩史》（臺北市：文史哲，1998 年）。

160. 臺灣史料集成編輯委員會編：《明清臺灣檔案彙編》第參輯第 53 冊（臺北市：遠流，2003 年）。

161. 臺灣省文獻委員會編：《臺灣史》（臺北市：眾文圖書，1990 年）。

162. 臺灣慣習研究會原著：《臺灣慣習記事·第五卷上（中譯本）》（臺中市：臺灣省文獻委員會，1990 年）。

163. 臺灣銀行經濟研究室編：《同治甲戌日兵侵臺始末》（南投市：臺灣省文獻委員會，1997 年）。

164. 臺灣銀行經濟研究室編：《清職貢圖選》（南投市：臺灣省文獻委員會，1996 年）。

165. 臺灣銀行經濟研究室編：《福建通志臺灣府》（南投市：臺灣省文獻委員會，1993 年）。

166. 臺灣銀行經濟研究室編：《臺灣採訪冊》（南投市：臺灣省文獻委員會，1993 年）。

167. 趙康伶：《我的家鄉——屏東》（屏東縣：趙康伶，2002 年）。

168. 劉良璧：《重修福建臺灣府志》（南投市：臺灣省文獻委員會，1993 年）。

169. 劉昭民：《臺灣的氣象與氣候》（臺北市：常民文化，1996 年）。

170. 劉寧顏總纂，臺灣省文獻委員會編：《重修臺灣省通志・卷三・住民志・同胄篇（第一冊）》（南投市：臺灣省文獻委員會，1995 年）。

171. 劉寧顏總纂、臺灣省文獻委員會編：《重修臺灣省通志・文教志》（臺中市：臺灣省文獻委員會，1994 年）。

172. 劉璈：《巡臺退思錄》（臺北市：臺灣銀行經濟研究室，1958 年）。

173. 潘英：《臺灣平埔族史》（臺北市：南天，1996 年）。

174. 蔣毓英：《臺灣府志》（南投市：國史館臺灣文獻館，2002 年）。

175. 鄧傳安、陳盛韶著：《蠡測匯鈔 問俗錄》（北京市：書目文獻，1983 年）。

176. 盧德嘉：《鳳山縣採訪冊》（南投市：臺灣省文獻委員會，1993 年）。

177. 賴顯松編輯：《臺灣原住民族藥用植物圖鑑》（臺北市：行政院原住民族委員會，2009 年）。

178. 駱芬美：《被誤解的臺灣史：1553～1860 之史實未必是事實》（臺北市：時報文化，2013 年）。

179. 戴寶村、王峙萍著：《從臺灣諺語看臺灣歷史》（臺北市：玉山社，2004 年）。

180. 謝崇耀：《清代臺灣宦遊文學研究》（臺北市：蘭臺，2001 年）。

181. 鍾壬壽編著：《六堆客家鄉土誌》（無出版地：常青，1999 年）。

182. 鍾桂蘭、古福祥編纂：《屏東縣志稿・地理志》（屏東：屏東縣文獻委員會，1961 年）。

183. 歸有光：《歸震川全集》（上海：古籍，1981 年）。

184. 簡炯仁：《屏東平原先人的開發》（屏東縣：屏縣文化局，2006 年）。

185. 簡炯仁：《臺灣開發與族群》（臺北市：前衛，1995 年）。

186. 藍鼎元：《平臺紀略》（南投市：臺灣省文獻委員會，1997 年）。

187. 藍鼎元：《東征集》（南投市：臺灣省文獻委員會，1997 年）。

188. 瀧川龜太郎編：《史記會注考證》（高雄市：復文圖書，1991 年）。

189. 譚昌國：《排灣族》（臺北市：三民，2007 年）。

190. 蘇全福：《屏東縣鄉賢傳略》（屏東市：屏縣文化，1997 年）。

191. 蘇全福：《屏東縣鄉賢傳略（增訂本）》（屏東市：錦繡中華企業社，2010年）。

192. 蘇義峰、吳振乾：《屏東鄉土文化百科──牽咱子孫看阿猴》（屏東市：屏東縣政府文化局，2004年）。

193. 蘇義峰編著：《發現屏東：文化屏東》（屏東市：屏市阿猴城城鄉發展協會，2005年）。

194. 顧廷龍主編：《清代硃卷集成（一）》（臺中市：成文，1992年）。

195. 龔顯宗：《臺灣文學研究》（臺北市：五南，1998年）。

196. 龔顯宗：《臺灣文學家列傳》（臺北市：五南，2000年）。

197. 龔顯宗編：《沈光文全集及其研究資料彙編》（臺南縣新營市：南縣文化，1998年）。

198. 龔顯宗編著：《沈光文全集及其研究資料增編（上冊）：紀念沈光文誕辰400年》（臺南市：南市文化局，2012年）。

199. 龔顯宗選注：《沈光文集》（臺南市：臺灣文學館，2012年）。

期刊論文

1. 孔志明：〈文武碑特別報導──東港大潭新莊乾隆年間「嚴禁塭丁截溝捕採危害田禾碑記」〉，《東港采風》第七期季刊（屏東縣：屏東縣東港鎮文史學會，2001年）。

2. 王玉輝：〈屏東礪社的發展始末〉，《臺灣文獻》第63卷第1期（南投市：國史館臺灣文獻館，2012年）。

3. 王嘉弘：〈清代臺灣進士江昶榮作品考述〉，《中國文化月刊》第287期（臺中市：中國文化月刊雜誌社，2004年）。

4. 任先民：〈臺灣排灣族的古陶壺〉，《民族學研究所集刊》第二期（臺北市：中央研究院民族學研究所，1956年）。

5. 吳濁流：〈江昶榮的遺稿〉，《臺北文物》第四卷第一期（臺北市：臺北市文獻委員會，1955年）。

6. 李卉：〈臺灣及東南亞的同胞配偶型洪水傳說〉，《中國民族學報》第一期（臺北市：中國民族學會，1955.08）。

7. 李亦園：〈來義鄉排灣族中箕模人的探究〉，《中央研究院民族學研究所集刊》第一期（臺北市：中央研究院民族學研究所，1956年）。

8. 李國銘：〈十七世紀中葉屏東平原的村落與記事〉，《臺灣史研究》第一卷第二期（臺北市：中央研究院臺灣史研究所籌備處，1994年）。

9. 林俊宏：〈屏東地區竹枝詞的文化觀察〉，《屏東文獻》第16期（屏東市：屏東縣政府，2012年）。

10. 許世珍：〈臺灣高山族的始祖創生傳說〉，《民族學研究所集刊》第二期（臺北市：中央研究院民族學研究所，1956 年）。

11. 彭瑞金：〈臺灣文學神話篇與原住民的口傳文學〉，《文學臺灣》第 60 期（高雄市：文學臺灣雜誌社，2006.10）。

12. 曾國棟：〈清代臺灣示禁碑之類型〉，《臺灣文獻》第五十一卷第一期（南投市：國史館臺灣文獻館，2000.3）。

13. 黃文車：〈找尋地方感的書寫：清代屏東地區古典文學發展概述〉，《屏東文獻》第 16 期（屏東市：屏東縣政府，2012 年）。

14. 黃美娥：〈日治時代臺灣詩社林立的社會考察〉，《臺灣風物》第 47 卷第 3 期（臺北縣板橋市：臺灣風物雜誌社，1997 年）。

15. 楊克隆：〈十八世紀初葉的臺灣平埔族歌謠──以黃叔璥〈番俗六考〉著錄為例〉，《文史臺灣學報》創刊號（臺北市：國立臺北教育大學臺灣文化研究所，2009 年）。

16. 賴子清：〈古今臺灣詩文社（二）〉，《臺灣文獻》第十一卷第三期（臺北市：臺灣省文獻委員會，1960 年）。

學位論文

1. 王文顏：《臺灣詩社之研究》（臺北市：國立政治大學中文研究所碩士論文，1979 年）。

2. 王玉輝：《日據時期高雄市詩社和詩人之研究──以旗津吟社為例》（高雄市：國立中山大學中文所碩士論文，2003 年）。

3. 王俊勝：《清代臺灣鳳山縣詩歌研究》（臺北市：中國文化大學中文研究所碩士論文，2002 年）。

4. 王嘉弘：《清代臺灣賦的發展》（臺中市：私立東海大學中國文學系碩士學位論文，2005 年）。

5. 吳家君：《臺灣原住民文學研究》（高雄市：國立中山大學中文所碩士論文，1997 年）。

6. 李恩賜：《排灣族刺球（djemul jat）之研究》（屏東市：國立屏東師範學院體育系體育教學碩士論文，2003 年）。

7. 周明傑：《排灣族與魯凱族複音歌謠比較研究》（臺北市：國立臺北藝術大學音樂學研究所，2005 年）。

8. 林孟輝：《清代臺灣學校教育與儒學教化研究》（臺南市：國立成功大學中國文學研究所碩士論文，1999 年）。

9. 施懿琳：《清代臺灣詩所反映的漢人社會》（臺北市：國立臺灣師範大學國文研究所博士論文，1991 年）。

10. 黃文車：《黃石輝研究》（嘉義縣：國立中正大學中國文學研究所碩士論文，2001 年）。

11. 賴俠伶：《魯凱族民間故事研究》（高雄市：國立高雄師範大學國文學系碩士論文，2010 年）。

學術研討會論文

1. 龔顯宗：〈論林樹梅、曹謹之相得益彰──以《歠雲詩文鈔》爲據〉，《2003年海峽兩岸曹謹學術研討會論文集》（高雄市：國立中山大學清代學術研究中心，2003 年）。

報紙文章

1. 李光周：〈人類學的實驗室──墾丁國家公園的史前文化〉，《中央日報》，1986.8.18，第 2 版。

2. 簡榮聰：〈百步蛇：排灣族的圖騰〉，《聯合報》，1996.4.28，第 17 版。

3. 李嘉鑫：〈陶壺女嬰與蛇神生子〉，《中國時報》，1998.7.24，第 42 版。

雜誌期刊

1. 田哲益：《再現臺灣・排灣族》第 58 期（臺中市：莎士比亞文化事業，2007 年）。

2. 胡律光：《再現臺灣・分類械鬥》第 12 期（臺中市：莎士比亞文化事業，2008 年）。

其他報紙

1. 吳青霞總編輯，《臺南新報》（臺南市：國立臺灣歷史博物館、臺南市立圖書館，2009 年）。

2. 漢珍版《臺灣日日新報》，國立高雄師範大學圖書館電子資料庫。

3. 龍文出版社編輯部整理編輯：《詩報：日治時期臺灣傳統文學大成（1930～1944）》（臺北縣板橋市：龍文，2007 年）。